논어,
나에게
돌아가는 여행

친 구 와
함께 읽는
고   전
0 0 8

논어, 나에게 돌아가는 여행

〈학이〉 편 단단히 읽기

펴낸날 | 2021년 10월 1일

원저 | 공자 학단
지은이 | 이양호

편집 | 김동관
일러스트 | 민애리
마케팅 | 홍석근

펴낸곳 | 도서출판 평사리 Common Life Books
출판신고 | 제313-2004-172 (2004년 7월 1일)
주 소 | 경기도 고양시 덕양구 중앙로558번길 16-16. 7층
전 화 | 02-706-1970 팩 스 | 02-706-1971
전자우편 | commonlifebooks@gmail.com

이양호 ⓒ 2021
ISBN 979-11-6023-282-0 (03160)
ISBN 979-11-6023-224-0 (세트)

* 책에 서울 마포구에서 제공한 마포 디카포, 마포 꽃섬, 마포 금빛나루 서체를 사용했습니다.

친 구 와
함께 읽는
고 전
0 0 8

논어,
나에게
돌아가는 여행

《학이》편 단단히 읽기

공자 학단 원저 이양호 지음

평사리
Common Life Books

웅숭깊은 《논어》의 맛을 일깨워 주셨던
청명 임창순 스승님의 영전에
작은 갈무리를 바칩니다.

일러두기

- 조선왕조가 공식적으로 발행한 《논어》 '내각본'(1777년)을 저본으로 삼았
  고 다산 정약용의 《논어고금주》를 참조했다.
- 인명과 지명은 〈한글 맞춤법 외래어 표기법〉에 따랐으나, 일부는 한자어 발
  음을 따랐다.
- 인용문의 출처가 《논어》와 《맹자》인 경우, 책명인 《논어》와 《맹자》는 표기
  하지 않고 편명과 장수만으로 표시했다.

우리 맘을
파헤치고 북돋고 거름주고 김매던 것

내 몸과 내 맘은, 내가 이 세상에 태어나기 전에 이미 많은 부분 이루어졌다. 물론 거푸집에서 찍혀 나오는 물건처럼 모양이 완전히 고정되어 있지는 않다. 어떤 예술 작품이든 그 작품이 세상에 나타나기 전에 대략 작가의 정신세계 안에 있듯, 내 맘도 나를 둘러싸는 정신세계에 이미 이루어져 있다.

또한 작가가 다루는 물질세계 속에 이미 한계와 성취가 '잠재적으로' 다 들어 있듯. 내 몸과 맘도 그렇다. 뛰어난 예술가는 자기가 다루는 물질의 잠재력과 한계를 잘 안다. 내 몸의 성취와 한계는, 내 어버이와 그 어버이의 어버이가 가졌던 몸의 성취와 한계다. 이것을 보듬고 나아갈 수는 있지만, 외면할 길은 없다. 그것의 한계와 성취를 의식하건 하지 않건 그렇다. 이 땅이 내는 먹거리, 이 하늘이 내리는 햇살과 공기가 형성해 주었던 내 어버이의 몸, 그 몸을 터전으로 삼아 내 몸을 이루어 나갈 도리만 있는 것이다.

우리의 맘 역시 우리의 어버이와 그 어버이의 어버이가 품었던 맘을 텃밭으로 하여 자란다. 그 텃밭을 일군 것은 무엇인가? 무수히 많은 손길과 발걸음이 머물렀고, 크고 작은 호미와 곡괭이가 드나들었을 것이다.

그중에서 우리의 맘을 가장 '지속적으로' 파헤치고, 북돋고, 거름 주고, 김매었던 것은 무엇인가? 논어가 아닐까? 최근 100년 남짓 뜸하기는 했지만, 2000년이나 되는 긴 시간 동안 지속적으로 우리의 맘을 형성했던 게 《논어》이니 말이다. 이것보다 더 긴 시간 동안 우리의 맘을 형성해 준 책은 없다.

《논어》가 이 땅에 정확히 언제 들어왔는지는 알 수 없다. 하지만 백제 근초고왕(재위 346년~375년) 때 우리는 이미 《논어》에 정통했다. 일본의 초청으로 《논어》와 《천자문》을 전하고, 일본 태자의 스승이 되었던 왕인 박사가 그 증거다. 이것은 일본의 역사책 《고사기古事記》와 《일본서기日本書記》에 실려 있으니, 국수주의적인 견해가 아니다. 다른 나라에 학자를 파견해 그곳 태자를 가르칠 정도였다면, 《논어》가 이 땅에 들어온 것은 그보다 한참 전이었을 게 틀림없다.

신라도 《논어》와 공자에 흠뻑 젖어 들었다. 김춘추와 김유신의 이름이 그것을 증명한다. '춘추'는 공자가 정리한 책《춘추》와 그가 실현해 보인 역사관 '춘추필법'에서 왔고, '유신'은《논어》에 있는 구절에서 왔다. 고려와 조선은 굳이 말할 필요가 없으리라.

우리의 맘을 형성하는 데 있어《논어》보다 지속적이면서도 강력하게 영향을 끼친 것은 없다. 그럼에도《논어》를 바라보는 우리의 마음은 착잡하다.《논어》에 젖줄을 대던 정신이 타락해 나라를 빼앗겼기 때문이다. 그때부터 우리는《논어》가 부끄러워졌다. 2000년 동안 우리를 먹이고 살렸던 우리 젖을 외면하고 뒤도 돌아보지 않았다.

그 젖이 그토록 문제인가? 그렇다면 어떻게 그것이 2000년 동안 우리를 살게 할 수 있었을까? 나라를 빼앗긴 게 온전히《논어》때문이고, 이른바 봉건적인 태도가《논어》탓인가? 온전히 다는 아니더라도,《논어》가 책임의 많은 부분을 짊어져야 한다고 말할 수도 있다. 어떤 이유로든《논어》가 우리의 무기력(?)과 봉건성(?)에 대해 책임을 져야 한다면, 그만큼 성경 역시 유럽 문명의 폭압성과 무자비함에 책임을 져야 할 것이다.

그렇거나 저렇거나, 우리는《논어》와 유학을 알고는 있는가? 알고서,《논어》와 유학에 대해 이런저런 소리를 보태는가?

《논어》를 제대로 읽지 않고 우리 삶과 역사를 말하는 것은 성경을 읽지 않고 기독교를 말하는 것과 똑같다. 우리의 역사가 이루고

사 했던 게 무엇인시도 모르면서 우리의 역사를 말하는 셈이다. 더구나 《논어》는 조선 시대 헌법이었다. 헌법이 나라가 나아갈 방향과 그 존재 의미를 드러낸다는 점에서 그렇다. 《경국대전》이 조선 시대 헌법에 해당한다고 말하는 분들이 많지만, 《경국대전》은 《논어》가 그린 나라를 현실적으로 이루어 내기 위한 '실행 법전'이라 하는 게 옳다.

그렇다고 《논어》에 부끄러워할 내용이 없고 한계가 없다는 게 아니다. 부끄러움을 부끄러움으로 아는 지혜가 그 속엔 들어 있고, 한계를 한계로 아는 지혜가 거기엔 있다. 당연히 그 책이 미처 찾아내지 못한 좋고 아름다운 삶도 있다. 그것을 찾고 만들어 내는 것은 다른 시대를 살고 있는 우리의 몫이다.

《논어》를 읽고 나면, 세상이 조금은 달리 보일 것이다. 제대로 읽으면, 새 하늘과 새 땅이 나타날 것이다. 이래서 《논어》가 2000년 동안 생명을 키워온 젖일 수 있었겠구나 하는 깨침이 있을 것이다. 효와 충, 의리에 대해 우리가 얼마나 잘못 알고 있었던가를 느낄 것

---

* 《논어》는 중국책이 아니냐며 타박하는 사람이 있을지 모르겠지만, 우리 역사에서 가장 오랫동안 그리고 가장 깊이 읽어온 게 《논어》다. 우리 민족은 최소한 1500년 이상, 어쩌면 2000년 이상 《논어》에 침잠해 왔다. 그런데도 《논어》를 우리 것이 아니라고 하는 건 편협해도 너무 편협한 생각이다. 이런 식으로 하면 배추김치도 우리 것이 아니다. 배추도 순전한 토종이 아니고, 고추는 임진왜란 언저리 때 들어온 것이고, 마늘조차도 원나라 때 들어온 것이라고 하니, 배추김치가 통째로 《논어》보다 한참 늦게 들어왔다. 김치가 우리의 것이라면, 《논어》도 우리 것이다. 물론 《논어》는 중국의 것이기도 하다.

이다. 공자의 상이 완전히 바뀌는 기쁨을 맛볼 것이다

《논어》와 우리 민족의 관계에 대한 생각을 담아 글쓴이는 화가 님께 한 가지만 부탁했다. 한복을 입고 있는 공자와 우리 산천을 그려 달라고 했다. 공자가 동이족이라는 둥, 국수주의적인 생각은 조금도 들어 있지 않다.《논어》는 그 누구보다도 조선 선비들과 함께했을 때 가장 잘 어울린다는 생각에서 그랬을 뿐이다.

글쓴이로 하여금 《논어》의 맛을 늘 새로 맛보도록 《논어》 강독 수업에 꾸준히 참여해 주신 모든 분들께,《논어》를 푼 책을 내면서 마음을 담아 감사의 말씀을 올린다. 이 자리를 빌어 꼭 언급하고 싶은 분들이 있다. 짧게는 1년에서 길게는 5년째《논어》등 고전 강독 수업에 참여해 주신 푸른숲발도르프학교, 청계발도르프학교, 안양 발도르프학교의 선생님들과 학부모님들, 그리고 역시《논어》등 고전 강독 수업을 두세 해째 들어 주신 정다운도서관, 삼성도서관, 못골도서관, 동대문도서관, 다산독서클럽, 청담학당과 독서당고전연구원의 여러 선생님들께 깊은 감사의 말씀을 올린다.

이양호 손모음

함께 읽는 사람들

 야옹샘 본명은 '이양호'인데, 호가 '야옹野翁(들 야, 늙은이
옹)'이다. 야옹샘 스스로도 알아차리지 못했지만, 본명의
발음과 비슷한 '야옹'으로 누군가에 의해 호가 지어졌고,
야옹샘이라고 부르게 되었다. 아이들은 선생님이 없을 때
'야옹~!' 하며 놀리기도 한다. 실제 생김새도 고양이를 닮
았다. 웃을 때 눈가에 주름이 잡혀있고 입가에는 고양이 수
염이 난 듯하다(만약 전생이 있다면 고양이였을지도 모른다). 야
옹샘은 시대을 이해하는 배경 지식, 뜻에 대한 다른 해석과
논쟁들, 동서양 사상의 비교를 통해서 학생들이 좀 더 풍부
하게 고전을 이해할 수 있도록 돕는다.

캐순이 조금만 의심이 가도 그냥 넘어가는 법이 없는 '캐순이'는 깨알 같은 질문을 퍼부어, 행간에 숨겨진 말씀의 깊은 의미를 찾게 한다. 특히, 오늘날 여성의 관점에서 공자와 제자들의 이야기를 살펴본다.

 뭉술이 맛에 달인 '뭉술이'는 엉뚱한 질문으로 모두를 곧잘 당황하게 하지만, 다른 친구들에게는 없는 직관과 감수성으로 공자와 제자들의 말씀을 우리 삶과 연결지어 새롭게 되새긴다.

 범식이 틈만 나면 동네 도서관에 가서 책을 읽는 모범생인 '범식이'는 모르는 게 없을 정도로 두루두루 해박하다. 동양 고전에 대한 풍부한 상식에 바탕하여, 친구들이 생각의 가지를 사방팔방으로 뻗쳐 나가게 한다.

1장

잘 산다는 게 뭐죠?

배우고 때때로(때에 맞춰) 익히면, 또한 기쁘지 아니한가? [뜻이 맞는] 벗이 멀리서부터 오면, 또한 즐겁지 아니한가? 사람들이 알아주지 않더라도 마음이 평안하면, 군자스럽지 않은가?

子曰, "學而時習之, 不亦說乎? 有朋自遠方來, 不亦
자왈　학이시습지　불역열호　유붕자원방래　불역

樂乎? 人不知而不慍, 不亦君子乎?"
락호　인부지이불온　불역군자호

뭉술 살짝 실망이다. 이름 드높은 《논어》의 첫 구절이 이렇다니. 너희는 어때?

캐순 "또한 기쁘지 아니한가?"를 첫소리로 뽑아 놓은 게 꽤 인상적이야. 《논어》는 유학儒學 책 중 최고잖아? 그런 책이 '기쁨'으로 막을 열어젖힌 게 의외거든.

범식 '유학은 근엄하다'가 흔히 갖는 인상이어서 의외일 거야. 유학에 대해 갖는 선입관도 한몫했지만, 기독교나 불교와 견주어도 특이해. 불교는 "인생은 괴롭다"로 첫 운을 떼고, 기독교는 "인간은 죄인"이라고 포문을 열잖아?

뭉술 그게 뭐 중요한가? 서로 다른 말로 시작할 수 있잖아?

다르게 시작하지만 같게 끝날 수도 있지. 그래도 인생을 생각하는 본래의 판단은 중요하다고 봐. 인생이 '애초에' 어떠하다고 여기는지에 따라 살아가는 방식도 바뀔 테니까.

캐순 '인생은 본래 기쁨'이라고 생각하며 펼쳐 낼 삶과 '태어나는 것 자체가 죄'라고 생각하며 펼쳐 낼 삶이 같을 순 없지.

---

*   불교의 가장 기본이 되는 가르침이 '사성제'인데, 고집멸도苦集滅道가 그것이다. 인생은 괴로운데[苦], 집착[集]하기 때문임을 알아야 하고, 그 괴로움을 없애는[滅] 길이[道] 있다는 뜻이다.

†   아담과 하와가 에덴동산에서 뱀의 꼬임에 넘어가 죄를 지었는데, 그 죄가 모든 인간에게 DNA처럼 박혀 있다고 말한다. 이른바 원죄설이다. 하지만 리쾨르는 원죄설을 인간은 모두 아담이어서 죄가 있는 것이 아니라, 모두 아담'처럼' 죄를 짓는 존재라는 의미로 받아들여야 한다고 한다.

뭉술 맞아, 펼쳐 낼 삶이 같을 순 없겠다. 그런데 유학에서도 삶이 무조건 기쁘다고만 한 건 아니잖아? "배우고 때때로(때에 맞춰) 익히면"이란 조건을 달았어.

캐순 그건 '조건'이 아니라, 사람이 살아가는 모습 그대로일 뿐이라고 생각해. 살아 있음 자체가 배우고 익히는 거잖아? 내용과 정도는 다르겠지만!

뭉술 그럼, 공자는 사람이 아무거나 배우고 익혀도 괜찮다고 여긴단 말이니?

범식 아니겠지. 하지만 뭐가 되었건 배우고 익히면 즐겁긴 해.

그렇다면 공자는 우선석으로 배우고 익혀야 할 게 뭐라고 하니?

캐순 그걸 알려고 우리가 《논어》를 배우는 거 아니겠어?

뭉술 《논어》를 배우고 나면 기쁘려나?

샘 '잘 사는 삶'은 어떤 삶일까? 이 물음을 던지는 사람은 《논어》를 읽은 뒤에 틀림없이 기쁨이 번질 겁니다. 아이스크림을 먹고 난 뒤에 오는 기쁨과는 분명히 다른 기쁨이겠지만요. 배우고 익혀야 할 것은, 당연히 '잘 살기 위해 필요한 모든 것'이겠죠? 배워야 할 것과 배우지 말아야 할 것, 긴급하게 배워야 할 것과 천천히 배워도 되는 것, 배우면 좋지만 안 배워도 문제없는 것 등등, 구별이 있겠지요.

범식 잘 산다는 게 뭐죠?

여러분 스스로 찾아야 해요. 또한 무엇보다 먼저 찾아야 할 일이죠. 별로 중요치도 않은 일에 힘과 시간을 잔뜩 써 버린 뒤, 해가 뉘엿뉘엿 지려는 순간에야 '진짜 잘 사는 것'이 무엇인지 알게 되면 너무나 안타깝지요. 수학처럼 딱 떨어지는 정답은 없어요. 도와주는 게 있을 뿐이죠.《논어》와 같은 고전이 도와주는 역할을 하리라는 것은 확실히 말할 수 있어요.

캐순 공자는 제자들에게 무얼 가르쳤죠?

샘 "삶의 기술과 정신"을 가르쳤어요. 이것은 차근차근 알아 가기로 하죠. 교과목은 여섯 과목이었고요. 예禮와 악樂, 말 타기와 활쏘기, 글(문장·글씨)과 수리數理입니다.

뭉술 말타기와 활쏘기도 교과목이었다고요? 엄청 좋았겠다. 이런 과목이라면 배우고 익히는 게 기쁠 수밖에 없지.

캐순   쌤? "[뜻이 맞는] 벗이 멀리서부터 오면, 또한 즐겁지 아니한가?"에 쓸데없는 말을 덧붙여 번역한 게 아닌가요? '[뜻이 맞는]'이라는 말은 군더더기 같아요.

뭉술   '벗'이라고 다 뜻이 맞지는 않잖아?

샘   캐순이와 뭉술이의 말, 둘 다 일리가 있어요. '[뜻이 맞는]'을 덧붙인 건,《논어》에서 말하는 '벗'의 의미를 분명히 하기 위해서입니다.

범식   흔히들 아는 친구나 동창이 아니라는 말씀?

     옙!《논어》는 20편으로 엮여 있는데, 열두 번째가 〈안연〉 편이에요. 거기에 이런 구절이 있지요. "군자는 인문으로 모여 벗이 되고, 그렇게 이룬 벗들은 서로가 어질게 살도록 돕는다." 또한 자공이라는 제자가 우정에 대해 묻자 공자가 답했어요. "충심으로 말해 주고 선으로써 인도해야 한다. 그럴 수 없다면 관계를 그쳐, 스스로 욕됨이 없게 해라."² 맹자 역시 "우정이란 선하게 살기를 강하게 요구하고, 짐을 지우는 것"이라 했죠.

범식   우정이란 어질고 착하게 살도록 서로 충고하고 돕는 것이라는 거구만!

     어쨌거나 '먼 곳에서 벗이 찾아오면 즐거운' 건 너무 당연하지 않나?

캐순 왜 찾아왔을까?

뭉술 보고 싶어서지. 친구 만나러 가는 데 꼭 이유를 달아야 하나?

캐순 물론! 그런데 얼굴 아는 벗이 찾아왔을 때만 즐거울까?

범식 '만난 적 없는 벗'도 있니? 그 말은 모순이잖아?

뭉술 처음 만났어도 오래된 벗처럼 여길 수 있지 않니?

범식 책을 읽다 보면, 만나자마자 '왜 이제야 만났을까?' 하며 서로 한탄하는 사람들이 자주 나오곤 해. 만나자마자 의기투합하고 배포가 맞음을 알아챈 거지. 뭉술이의 말에 해당하는 벗일 듯해.

뭉술 부족한 내 지식을 범식이가 보충해서 완성하니 참 좋다! 이런 게 '이문회우 이우보인以文會友 以友輔仁'이겠지?

🐰 그렇지, '군자는 인문으로 모여 벗이 되고, 그렇게 이룬 벗들은 서로가 어질게 살도록 돕는다.' 그런 사람을 군자라고 했으니까, 범식이가 군자인 셈이지.

범식 흰소리는 그만하면 족합니다!

샘 여러분처럼 서로를 도와 생각을 완성하고, 또 그것을 기쁘게 받아들이는 게 진정한 토의이고 토론이며 대화라고 하겠지요. 이 순간만큼은 군자라 해도 틀리지 않을 겁니다.

뭉술 '먼 곳에서 벗이 찾아오면 즐거운' 건 너무 당연하니까, 여기서는 처음 만난 사이에서 벌어진 일로 보는 게 더 낫겠다. 극적이고 감동적이잖아?

캐순 우연한 첫 만남도 있겠지만, 한 번 본 적 없어도 마음으로 늘 만나기를 고대하다가 마침내 이뤄진 만남도 여기에 속할 것 같다. 우연한 만남보다는 덜 극적이지만 정성은 훨씬 더 진하잖아? 퇴계 이황 선생과 율곡 이이의 첫 만남이 그런 게 아닐까?

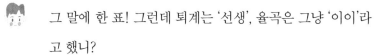 그 말에 한 표! 그런데 퇴계는 '선생', 율곡은 그냥 '이이'라고 했니?

캐순 그때 율곡이 스물세 살쯤밖에 안 먹었으니까.

범식 유배지에 있던 한훤당 김굉필 선생을 정암 조광조가 찾아가 제자가 된 경우도 있어.

캐순 잠깐 잠깐 ……, 유배지에 있던 사람을 찾아가 스승으로 모셨다고?

뭉술 이 미욱한 중생들을 위해 대자대비를 베풀어 차근차근 설명해 주시면 그 은혜 하늘에 미칠 것입니다, 군자 범식님!

연산군이 무오사화(1498년)를 일으켜 여러 선비를 죽이거나 유배 보냈는데, 김굉필 선생도 유배형을 받았지. 유배지가 평안도 희천이었어. 조광조의 아버지가 평안도에 찰방*

---

* 각 도의 역참 일을 맡아보던 종육품 벼슬.

이라는 고위 관직을 맡아 부임하게 되었지. 조광조가 아버지를 따라갔다가 김굉필 선생을 찾아뵙고서 가르침을 청했지. 조광조의 나이 열일곱 살이었어. 우리 또래!

캐순 우리 또래였다고? 조광조, 참 대단한 사람이었구나! 그런데 고위 관리의 아들이 유배 중인 사람을 스승으로 모셨다는 건데, 가능한 일이니?

뭉술 요즘으로 치면 감옥에 갇힌 죄수에게 가르침을 받았다는 거잖아. 조선은 참으로 알다가도 모를 나라야.

몰래 했겠지. 아버지가 지역 고위 관리니까 가능했던 거 아냐?

범식 그렇지 않아. 유배지에서 제자를 기르는 건 아무 문제가 되지 않았어. 다산 정약용 선생도 강진에서 꽤 많은 제자들을 길러 냈어. 신분이 높거나 유력한 집안의 자제들만 가르친 게 아니었어. 힘없고 백 없던 아전의 아들도 제자로 받았지. '황상(1788~1863)'이나 '이청(1792~1861)'처럼. 이분들은 당대에 이름이 높아서 추사 김정희와도 사귀었다고 해.

범식이 말이 맞아요. 다산 선생이 유배지에서 방대한 저술을 남길 수 있었던 건 유배지에서 기른 제자들이 여럿이었고 다들 출중했기 때문이에요. 다산의 저술 작업에 제자들이 실질적으로 참여했거든요. '공동 작업'으로 봐도 크게 틀린 말은 아니에요.

뭉술 그건 그렇고, 조광조와 김굉필은 스승과 제자 사이인데 어떻게 '우정'의 관점에서 얘기할 수 있지?

　　　조광조가 김굉필을 찾았을 때, 김굉필에게 도道가 있다는 소리를 듣고서 그와 함께하고 싶어 했으니까 두 사람의 첫 만남은 넓게 보아 "[뜻이 맞는] 벗"에 해당한다고 생각해.

캐순 《논어》에 나온 '군자의 붕우관朋友觀', 즉 "군자는 인문으로 모여 벗이 되고, 그렇게 이룬 벗들은 서로가 어질게 살도록 돕는다"에 따른다면 그렇게 볼 수 있겠다.

뭉술 그럴듯해. 하지만 두 분의 나이 차가 너무 나잖아. 게다가 조광조는 열일곱 살밖에 안 되었고.

범식 '망년지우忘年之友'를 떠올린다면, 이해가 안 될 까닭도 없어. '나이 차이를 잊은 벗'이란 뜻인데, 쉰세 살인 오세재(1133~미상)가 서른다섯 살이나 어린 이규보(1168~1241)와 벗으로 사귄 게 바로 그 경우지.

뭉술 서른다섯 살 아래면 이규보가 열여덟 살이야. 쉰셋 나이의 장년과 열여덟 살의 청년이 벗으로 지냈다고? 그게 정말이야?

범식 그럼! 서른다섯 살 나이 차는 아니지만, 연암 박지원 선생의 붕우 관계도 '망년지우忘年之友'에 해당해.

캐순   연암 그룹에 든 인물들이 신분이나 나이에서 다양하다는
      소리는 들었어.

범식   서유규와 박지원의 나이 차이는 17년, 남공철과 박지원은
      27년이나 났어. 그럼에도 이들은 붕우로서 함께 연암 박지
      원 학단을 이루었지.

      율곡이 퇴계를 만나러 갔다고 했는데, 두 분의 나이 차도
      꽤 나지 않니?

캐순   퇴계가 1501년, 율곡이 1536년에 태어났으니까 두 분도 서
      른다섯 살 차이네.

뭉술   두 분이 처음 만났을 때, 서로 어떻게 대했지?

범식   몇 날 몇 밤을 함께하며, 서로 깍듯하게 예의를 지키며 시
      를 주고받았고, 덕과 도 그리고 공부에 대해 말을 나눴어.
      율곡은 스물셋이었고, 퇴계는 쉰여덟 살이었는데 말이야.
      첫 만남을 두 분 다 기록해 두어서 알 수 있지.

뭉술   지금은 상상하기 힘든 장면이구나!

      벗과 벗의 만남은 나이가 아니라 인문으로 이루어져야 한
      다는 것은 《논어》만이 아니라 《맹자》도 주장한 소리예요.
      만장이 맹자에게 '벗의 관계에 대해 묻자' 맹자가 이렇게
      답하거든요.

나이가 끼어들어서는 안 된다. 신분이 끼어들어서도 안 된다. 형제들의 처지가 끼어들어서도 안 된다. 벗한다는 것은 그 사람의 덕德과 벗하는 것이다. 그러니 다른 것들이 끼어들 수 없다. (〈만장 하〉 3장)[4]

그래도 스승과 제자 사이를 '벗 관계'라고 말하기는 좀 떨떠름한데…….

샘 당연히 요즘 의미의 '벗'으로 보면 그렇지요. 요즘은 벗 사이의 주요한 특성을 '허물없음'으로 놓지만,《논어》는 달리 말해요. 사귐에 있어서 가장 중요한 건 그 관계가 "오래되어도 존경함을 잃지 않는 것"[5]이라 말하고 있거든요. 그래서 조선의 선비들은 친구 사이에도 서로 말을 높이고, 친구의 아이 때 이름은 부르지 않을 정도였어요. 사실《맹자》는 성인聖人조차도 벗할 수 있다고 말했어요.

뭉·캐·범 성인하고도 벗한다고요?

샘 네, 맹자가 제자 만장에게, 어떤 사람은 옛날에 고전을 지은 사람과 벗하는 것을 추구한다며 다음처럼 말했거든요.

한 고을에서 훌륭한 선비는 한 고을에서 훌륭한 선비와 벗하고, 한 나라에서 훌륭한 선비는 한 나라에서 훌륭한 선비와 벗하고, 천하에 훌륭한 선비는 천하에 훌륭한 선비와 벗하고, 천하에 훌륭한 선비와 벗하는 것으로 마음에 차지 않는 선비는, 위로 올라가 옛 사람을 논구하여 그 사람의 시를 외우고 그 사람의 책을 읽는다. 그 사람을 알지 못한다면 이 일이 제대로 이루어질 수 없다. 그러므로 그 사람이 살았던 시대를 논구한다. 이것을 상우尚友, 즉 옛사람과 벗한다고 한다.(〈만장 하〉 8장)

뭉술 훌륭한 시나 책을 지은 사람과 벗한다고 했지, 성인과 벗한 다고는 하지 않았잖아요?

샘 그 책이 예사 책이 아니거든요. 당대에는 온 천하를 뒤져도 그만한 책을 찾을 수 없을 정도니까, 고전 중의 고전이라 해야겠지요. 그런 책을 쓴 분이라면 성인聖人이라 해야 하지 않을까요?

 '성인과 벗한다!' 멋지지 않니?

샘 여러분도 그런 포부를 가져 보세요. 제 아들들도 그런 사람이 되길 바라서, 샘은 둘째 이름을 '상우尚友'라 지었네요.

뭉술 와~ 좋은데. 나도 고전을 열심히 읽어 내 자식들에게 그런 이름을 지어 줘야겠다.

캐순 응원할게. 그런데 쌤, 나이를 잊은 벗 말고 신분 차이를 잊고서 벗이 된 경우는 없었나요?

샘   당연히 있지요. '망형지우忘形之友'가 그거예요. 요임금과 신
        하인 순의 관계가 그 경우죠. 맹자는 두 분의 관계를 "이것
        은 천자이면서 필부를 벗 삼은 것이다."라고 했어요.

   이용휴와 노비 시인 이단전(1755~1790)의 사귐도 '망형지
        우忘形之友'라 할 수 있겠다.

캐순   이용휴는 어떤 사람인데?

범식   박지원과 더불어 당대 최고의 문장가라는 평가를 받았던
        분이야. 다산 정약용은 이용휴 선생을 이렇게 평했어. "영
        조 말엽에 혜환 이용휴 선생의 명성이 한 시대의 으뜸이어
        서, 무릇 글을 갈고 닦아 새롭게 바꾸고자 하는 자들은 모
        두 그에게 와서 수정을 받았다. 몸은 포의布衣 *의 반열에 있
        으면서 손으로는 문원文苑 †의 권력을 30여 년 동안 쥐고 있
        었다. 그런 사례는 예로부터 없었다."

뭉술   이런 분을 모르고 있었다니 한심하네.

   시인 홍세태(1653~1725)와 김창협·김창흡의 사귐도 '망형
        지우忘形之友'라 할 수 있어요. 김창협·김창흡은 형제인데
        조선 최고의 명문가인 안동 김씨이고, 홍세태는 가난한 중

* 　베로 지은 옷으로, 벼슬이 없는 선비를 비유해 이르는 말.

† 　문인들의 사회.

인 출신이거든요. 이 외에도 조선에서 나이와 신분을 개의치 않고 벗 삼았던 '망년지우'와 '망형지우'는 많이 있어요.

뭉술 알면 알수록 조선을 더 깊게 알아야겠다는 생각이 강렬해진다.

나도 그래. 이제 "사람들이 알아주지 않더라도 마음이 평안하면, 군자스럽지않은가?"에 대해 얘기를 나눠 보자.

범식 앞의 두 구절이 사람이 누릴 '기쁨'과 '즐거움'을 말한 반면, 이 구절은 사람이 이루어야 할 꼴을 말하고 있어. '군자스러움'이라! 어떤 모습을 그렇게 부를 수 있을까?

뭉술 우선은 마음이 평안한 사람?

캐순 배움을 몸에 충분히 익혔다고 생각하는데도 다른 사람이 알아주지 않으면 마음이 편키는 쉽지 않을 것 같다.

그런 경우 어떻게 평안할 수 있지? 절망스러울 텐데…….

캐순 배우는 목적이 애초에 남들이 알아주기를 바라는 게 아니었다면, 절망하지 않을 수 있어. 하지만 아무도 그를 찾아 주지 않더라도, 그를 찾아 주는 무언가가 있지 않을까?

뭉술 그 무슨 뚱딴지같은 소리야.

캐순 바람과 풀잎, 달빛과 별빛은 그를 찾아들겠지.

범식 그건 모든 사람에게 찾아오잖아? 특별한 게 없어.

캐순 그것들이 모든 사람을 찾아간다고 해서 나를 찾아올 때의 기쁨이 줄어들지는 않아. 생각해 보면 바람과 달빛, 별빛이 모든 사람에게 찾아가는 건 아니야. 그것이 곁에 있는지도 못 느끼고 살아가는 사람이 얼마나 많니? 못 느끼는 사람에게는 "바람과 별과 시와 하늘"이 찾지 않는 거나 다름없지.

🙂 그런 사람의 배움, 그 목적은 뭘까?

캐순 자기 자신이 되는 것!

범식 내가 내 자신이 되는 게 배우는 까닭이라고?

뭉술 유학자들의 목표는 과거에 합격해서 벼슬길에 나아가는 거 아냐?

🙂 나도 그렇게 알고 있었어. 그런데 "사람들이 알아주지 않더라도 마음이 평안하면, 군자스럽지 않은가?"란 말이《논어》첫머리에 나왔어. 유학자가 공부하는 까닭이 벼슬길에 나서기 위해서라는 게 선입관이었네. 다시 생각해 봐야겠어.

범식 "배우고 때때로(때에 맞춰) 익히면, 또한 기쁘지 아니한가?" 이 말에도 '과거'니 '벼슬'이니 하는 말이 아예 없어.

샘 현실적으로 유학자들이 과거 시험에 엄청난 공을 들였던 건 사실이에요. 하지만 과거 합격이나 관직에 나아가는 걸

'공부의 목적'으로 삼았던 유학자는 많지 않았어요. 관직에 나아가는 것 역시 개인의 영달을 위했다는 점은 비껴갈 수 없지만, 벼슬길이 핵심은 아니에요. 이점은 《논어》 두 번째 편인 〈위정〉에서 더 얘기할게요. 공부의 목적을 공자는 또렷이 말했어요. "배움의 정도를 걸었던 옛 분들은 자기 자신을 위해 배웠으나, 요즘의 배운다는 사람들은 다른 사람에게 잘 보이려고 배우고 있다." 유학자들은 공자를 스승으로 섬겼기에 이 말에 따라 위기지학爲己之學, 즉 '자기 자신을 위한 배움'이어야 한다는 걸 분명히 했고요.

뭉술 과거에 합격해 출세하는 것이야말로 '자기 자신을 위한 배움'이 아닌가?

캐순 그 말이 틀린 건 아니지만, '무엇이 진정으로 자기 자신을 위하는 걸까'를 두고 숙고한 다음에 나오는 말이어야 한다고 생각해.

 '나는 누구인가'에 대한 물음이 먼저 이루어진 다음에야 '자기 자신을 위한다'는 게 무엇인지 알 수 있다는 소리인데……. 관계 속에서 생겨난 '숱한 이름'과 자기의 '육체'만을 가리켜 '나'라고 하는 건 아닐 테고.

뭉술 '나는 누구인가?'

범식 또렷이 붙잡을 순 없더라도, 반드시 골똘히 다뤄야 할 물음

임엔 틀림이 없어.

캐순   우리들 사이에 소크라테스의 영이 임하셨구나.

뭉술   "네 자신을 알라!"의 영이 우리와 함께 하신 게야……

 이 물음을 던지고 있는 우리야말로 '나를 위한 공부'를 하고 있는 게 아닐까?

 샘도 그리 생각해요. '나는 누구인가?'는 근본적인 물음이기에, 그 과정에 도움을 받는 것도 나쁘진 않다고 생각해요. 그 물음을 푸는 건 궁극적으로 자기 자신이겠지만요. 유학에서 펼쳐 보인 걸 한 자락 알려 드릴게요.《중용》에 있는 머리글인데, 자신이 하늘로부터 태어난 '하늘 존재'라는 거예요.

　　하늘이 부여해 준 것을 본성이라 한다. 본성을 따르는 것이 길이고, 도이다. 길을 닦고 수리하며 살아가는 것을 일러 [자기] 가르침이 이루어지고 있다고 한다.(《중용》 1장)

범식   그 말을 따르더라도 '나는 누구인가?'는 여전히 풀리지 않았어요. "하늘이 부여해 준 것"이 무엇인지 모르니까요.

뭉술   맞아. 하늘이 누구에게, 무엇을 부여해 주었는지가 확실하지 않아.

샘   세 측면에서 볼 수 있지 않을까요? 우선은 물질계와 생명
      계 전체에 부여한 것, 다음은 사람에게 보편적으로 부여한
      것, 마지막으로 개인에게 부여한 것으로요.

🧑   우주 전체와 인간, 그리고 개인이 포함 관계이니까 그렇게
      살피는 게 좋겠네요.

캐순 '나는 누구인가?'를 알기 위해선 이 세 측면을 두루 들여다
      봐야 된다는 건데…….

뭉술 하늘이 부여한 것이 무엇인지 딱 손에 잡히도록 구체적으
      로 밝혀 놨으면 좋을 텐데.

샘   과연 그럴까요? 하늘이나 신이 '너는 이렇게 살아야 해'라
      고 '구체적'으로 못 박아 놨다면, 사람은 더 이상 존엄하지
      않다는 게 선생님 생각이에요. 존엄은 자유에서만 나오기
      때문이죠. 그렇다고 맥락 없이 아무렇게나 할 수 있어야 자
      유롭다는 건 아니에요.

범식 유학자들이 생각한 하늘과 인간의 관계도 그렇다는 거죠?
      천명은 구체적이지 않다는, 하지만 있다는 생각 말이에요.

샘   옙! 퇴계 이황 선생이 《성학십도》 서문의 첫마디를, 도道를
      말하면서도 "도는 구체적인 형상이 없다"고 했으며, 하늘
      의 뜻을 얘기하면서도 "하늘은 말을 하지 않는다"라고 쓴
      것도 그 때문이에요.

캐순   퇴계 선생이 밀한 원문을 알 수 있을까요?

샘   당연하죠. "도무형상道無形象 천무언어天無言語." 외우기 쉽
        죠?

범식   "도무형상, 천무언어"인데 어떻게 도道와 천天, 즉 '하늘 길'
        을 찾을 수 있지?

뭉술   그러니까 배워야지, 범식아!

캐순   하늘도 말해 주지 않는데, 누구한테 배운다는 거니?

        말해 주지 않았다고 알려 주지 않은 것은 아니야. 바람과
        달, 나무와 꽃, 새벽별과 노을을 통해서도 알려 줄 수 있잖
        아?

캐순   멋진데, 뭉술이! '하늘 길'을 찾아 나섰던 분들이 걸었던 길
        도 그것이었을 것 같다.

범식   맞아! 조선의 선비들이 자연을 읊은 시를 그렇게나 많이
        남긴 게 바로 그 때문이었어.

뭉술   그분들이 남긴 시와 글을 배워 "도무형상 천무언어"인 현
        실을 뚫는 것도 한 방법이겠다.

캐순   배운다는 건 읽어 외우기만 하는 게 아니라, 깊게 생각하는
        거겠지.

샘   퇴계 이황 선생이 《성학십도》 서문에서 "도무형상 천무언
        어"를 말한 뒤에 '하늘 길'을 찾는 방법을 말씀하셨는데, 여

러분이 말한 그대로예요. 이미 그 길을 걸었던 분들이 남겨
놓은 발자취를 살펴보되, 반드시 "생각"이 함께해야 한다
고 하셨어요. "생각하면 깨우칠 것이요 생각하지 않으면
무지한 상태 그대로일 것이다."라고 말씀하셨죠.

범식 　정말이에요?《성학십도》는 임금에게 올리는 책이잖아요.
임금에게 그렇게 말했다는 게 믿기지 않네요. 임금을 마치
학생 다루듯 하네요.

샘 　맞아요. 퇴계 선생은, 임금을 배우고 깨쳐야 할 학생일 뿐
아니라, 가장 긴급하고 가장 중요한 학생이라고 여겼어요.

　임금을 학생이라 여긴 '조선 문명!'

범식 　나를 찾아 길을 떠났던 분이 남긴 글을 하나 소개시켜 줄
수 있으세요?

　넵. 18세기에 박지원과 더불어 조선 문장의 최고봉이었던
이용휴 선비가 새기고 또 새겼던 잠언을 알려드릴게요. 제
목은 〈나에게 돌아가기〉에요.

　　나 그 옛날 첫 모습은
　　순수한 천리天理 그대로였는데,

---

* 　이용휴 지음, 박동욱·송혁기 옮김,『나를 찾아가는 길: 혜환 이용휴 산문선』, 돌베개,
2014. 〈나에게 돌아가기〉는 송혁기 님이 옮겼다.

지각이 하나둘 생기면서부터

해치는 것들 마구 일어났네.

뭐 좀 안다는 식견이 천리天理를 해치고

남다른 재능도 해가 되었지.

타성에 젖고 인간사에 닳고 닳아

갈수록 그 속박을 풀기 어렵네.

게다가 다른 사람 떠받드는 이들이

아무개 어른, 아무개 공 해 가면서,

대단하게 끌어대고 치켜세워 주니

몽매한 이들을 꽤나 놀라게 했지.

옛 나를 잃어버리고 나자

참 나 또한 숨어 버리고,

일을 위해 만든 일들이

나를 타고 내달려 돌아올 줄 모르네.

오래 떠나 있다가 돌아갈 마음 일어나니

마치 꿈 깨자 해 솟아오르듯.

몸 한번 휙 돌이켜 보니
벌써 집에 돌아와 있구나.

주변의 광경은 달라진 것 없는데
몸의 기운 맑고 평화롭도다.
차꼬를 풀고 형틀에서 벗어나니
나 오늘 새로 태어난 듯!

눈 더 밝아진 것 아니고
귀 더 밝아진 것도 아니라,
하늘이 내린 밝은 눈 밝은 귀가
옛날과 같아졌을 뿐이로다.

수많은 성인聖人이란 지나가는 그림자일 뿐
나는 나에게 돌아가기를 구하리라.
갓난아기나 어른이나
그 마음은 하나인 것을.

돌아와 보니 새롭고 특이한 것 없어
다른 생각으로 내달리기 쉽지만,

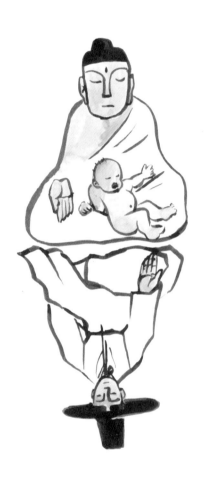

만약 다시금 떠난다면

영원토록 돌아올 길 없으리.

분향하고 머리 조아려

천지신명께 맹세하노라.

이 한 몸 다 마치도록

나는 나와 함께 살아가겠노라고.

범식   감동, 감동이다. 이것만 가지고도 한참 얘기할 수 있겠다.

뭉술   얘기하기 전에 생각해야지, 범식아!

    그래. 이용휴 님의 글에 대해선 각자 홀로 생각하는 게 좋을 것 같다. 다만 "뭐 좀 안다는 식견이 천리天理를 해치고 / 남다른 재능도 해가 되었지."라는 문장을 보니까, 시인 박서원 또한 그것을 골똘히 물었던 것 같다는 생각이 든다. 〈난간 위의 고양이〉인데, 내가 읊어 줄게 들어 봐.

그는 난간이 두렵지 않다

벚꽃처럼 난간을 뛰어넘는 법을

---

*   박서원,《박서원 시전집》, 최측의 농간, 2018.

아는 고양이

그가 두려워하는 건 바로 그 묘기의

명수인 발과 발톱

냄새를 잘 맡는 예민한 코

어리석은 생선은 고양이를 피해 달아나고

고양이는 난간에 섰을 때

가장 위대한 힘이 솟구침을 안다

그가 두려워하는 건

늘 새 이슬 떨구어내는 귀뚜라미 푸른 방울꽃

하느님의 눈동자 새벽별

거듭나야 하는 괴로움

야옹

야옹

범식   이용휴 선생이 말한 '남다른 재능과 식견이 해가 되었다'라
       는 것을, 시인 박서원은 "그가 두려워하는 건 바로 그 묘기
       의 / 명수인 발과 발톱 / 냄새를 잘 맡는 예민한 코"라고 표
       현한 거지?

뭉술   그런 것 같긴 한데, 왜 묘기를 한껏 부릴 수 있는 발과 발톱,
       예민한 코가 두려운 걸까?

캐순   "가장 위대한 힘이 솟구침을 안다"라는 고백에 그 까닭이
들어 있지 않을까?

'가장 위대한 힘이 솟구치는데' 두려울 까닭이 없잖아?

범식   이용휴 선비가 다른 사람들이 자신에게 "아무개 어른, 아
무개 공 해 가면서, / 대단하게 끌어대고 치켜세워 주니"
그 때문에 오히려 나를 잃어버렸다고 했잖아. 그에 해당하
는 게 아닐까?

이용휴 선비님은 그런 일들이 "참 나 또한 숨어 버리게" 했
다고 고백했어.

범식   박서원 시인이 그래서 "가장 위대한 힘이 솟구침을 안다"
라는 말 다음에, "그가 두려워하는 건"이라고 쓴 까닭일 수
도 있겠다.

뭉술   "그가 두려워하는 건"을 다음 줄 "늘 새 이슬 떨구어내는
귀뚜라미 푸른 방울꽃"으로 받잖아?

범식   문장 흐름상 그렇게 보는 게 자연스럽네. 하지만 "귀뚜라
미 푸른 방울꽃"이 왜 두렵지?

캐순   양쪽 다 두려워하는 거라고 볼 수 있어. 두려워하는 이유는
각각이겠지만.

범식   좋은 생각이야. "가장 위대한 힘이 솟구침을 안다"는 건 일
반적으로 보면 좋은 일이야. 하지만 그것이 자기를 그 힘에

가둘 수 있어. 자만에 빠지게 할 수 있고. 그러니 두려워할 재능인 거지. 그런데 "귀뚜라미 푸른 방울꽃"은 도대체 왜 두려운 거지?

캐순 그것만 두려운 게 아니야. "새벽별"도 두려워.

뭉술 "새벽별"은 또 왜 두려운데?

캐순 "하느님의 눈동자"니까!

🙂 "거듭나야 하는 괴로움" 역시 두려운 일이야.

뭉술 다시 태어나야 한다고?

범식 그래. 그런데 이 고양이는 다시 태어나 무엇이 되려는 걸까?

🙂 "귀뚜라미 푸른 방울꽃"으로 태어나는 거지, 뭐!

범식 왜 하필 그것으로 태어나고 싶어 하지?

캐순 "늘 새 이슬 떨구어내는" 존재이니까! 반면에 고양이는 '늘 똑같은 묘기'만 부리고 살아야 하지.

범식 현재 자기가 이룬 것을 버릴 때만 새로운 존재가 될 수 있다는 소리네. 고양이든 누구든 자기가 가진 엄청난 재주를 버리기는 쉽지 않겠지.

캐순 고양이가 "야옹 야옹" 하면서 다니는 것은 "거듭나야 하는 괴로움"이 두려워서 내는 소리였어! 시인에겐 그렇게 들렸던 거지.

뭉술   결국 '자기 자신에게 매이지 않아야' 한다는 거구만.

그게 이용휴 선비님이 말한 '본래 자기에게로 돌아가기' 이고.

뭉술   《논어》 첫 번째 장 세 구절을 가지고 정말 길게 말을 나눴다. 그치?

범식   거기에 공자의 삶 전체가 응축되어 있으니까! 이제 다시 《논어》 본문으로 돌아가 다음 장을 보자.

2장

어질게 살려면
뭘 실천해야 하나요?

유자가 말했다. 사람 됨됨이가 효성스럽고 우애·공손하면서도 윗사람을 범하는 사람은 드물다. 윗사람 범하길 좋아하지 않으면서도 반란을 일으킨 자는 없었다. 군자는 기본(근본)적인 것에 힘쓴다. 기본(근본)이 서면 방도가 생겨나기 때문이다. 효성스러움과 우애·공손함은 어짊을 실천하는 기본(근본)이리라.

有子曰, "其爲人也孝弟, 而好犯上者, 鮮矣, 不好犯上, 而好作亂者, 未之有也. 君子務本, 本立而道生. 孝弟也者, 其爲仁之本與!"

샘　　　이 장에서 가장 중요한 낱말 하나만 고른다면 뭘까요?

뭉술　　효성스러움이요.

범식　　언뜻 보면 그렇게 생각되지만, 잘 따져 보면 '어짊[인仁]'인 걸 알 수 있어. "어짊을 실천하는 근본"이 효라고 했으니까, 효 자체는 목적이 아니야. 효를 통해 어짊에 이르려 할 뿐이지.

　　　　범식이 말이 맞지만 "효성스러움과 우애·공손함"도 만만치 않게 중요해. 아무것이나 어짊에 이르는 '기본(근본)'이 될 수는 없으니까.

뭉술　　갑자기 어짊을 들고 나온 건 왜일까?

캐순　　1장이 "군자스럽다고 할 수 있지 않겠는가?"로 끝났으니까, 군자와 관련된 게 아닐까?

　　　　그럴 것 같다. 유학이 내세우는 인물상이 군자이고, 인간의 본질적인 덕성이 '어짊'이니까.

뭉술　　어진 사람이 군자란 소리구나.

캐순　　참사람의 고갱이가 어짊[인仁]이고, 우리 인생이 이루어야 할 게 어짊이라는 거구만. 그런데 어짊은 뭐지?

범식　　'어진 사람' 하면 떠오르는 게 있잖아? 그런 느낌을 자아내게 하는 걸 어짊이라고 해야겠지.

캐순　　'어짊은 이것이다'라고 딱 부러지게 말할 수는 없을까?

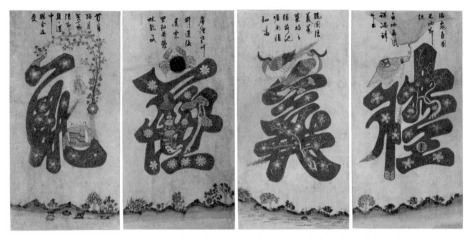

문자도 8폭 병풍文字圖八幅屛風. 문자에 담겨 있는 관련 고사故事들을 자획 안에 표현한 그림. (지본채색, 8폭 병풍, 세로 141.8, 가로 380). 오른쪽부터 효孝, 제悌, 충忠, 신信, 예禮, 의義, 염廉, 치恥의 순서로 글자를 배치하고 한 폭에 한 글자를 넣어 그렸다. (국립민속박물관 소장)

샘 　공자는 무엇이 되었건 개념을 정의하듯 말하지는 않았어요. 그 낱말이 포괄하는 지점들을 가리켜 보여 주었을 따름이죠.

캐순 　그렇게 한 이유가 있나요?

현실화하는 상태를 중시했기 때문인 듯해요. 가령 효를 살펴보면, 특정한 사람과 상황, 특정한 조건, 그때 어버이에게 필요한 게 무엇이냐에 따라 같은 것이라도 효가 될 수도 있고 안 될 수도 있기에, 개념을 규정하는 대신에 구체적인 예시를 말했지 싶네요.

범식 　그러한 예시들을 통해서 '효란 무엇인가?'를 스스로 깨달

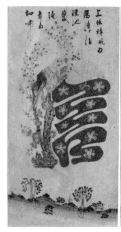

아야 하는 거군요. 퇴계 선생이 말한 "도무형상 천무언어"
가 효와 인仁에도 적용이 되겠군요?

샘 훌륭합니다.

캐순 공자는 그렇다 하더라도 다른 유학자들은 어짊에 대해 조
금 더 알아듣게 설명하진 않았나요?

샘 뒷날의 유학자들은 맹자가 말한 4단四端, 즉 네 가지 단서
를 가리켜 '어짊이 발현된 감정'이라고 말했어요.

범식 측은히 여기는 마음, 부끄러움을 느낄 수 있는 마음, 사양
하고 양보하는 마음, 옳고 그름을 판별할 수 있는 마음 말
이죠?

샘   옙! 이들은 순서대로 각각 인의예지가 발현된 마음의 상
태, 즉 감정인데요. 이 네 가지 감정을 때에 맞게 적절히 잘
드러내면 '어진 사람'이라 하죠. 하지만 좁게는 이 중에서
측은히 여기는 마음만을 톡 떼어 내 어짊의 발현이라 해요.
넓은 의미의 어진 마음은 인간의 좋은 감정을 총체적으로
포괄한다고 봐도 되겠다.

뭉술   그런데 왜 다른 게 아니라 "효성스러움과 우애·공손함이
어짊을 실천하는 기본(근본)"이라 했을까?

범식   자기를 낳아 준 어버이를 사랑하는 감정이 가장 기본적인
감정이고, 또 자연스러우니까!

캐순   효는 그렇다고 봐. 하지만 동기간 우애는 자연스럽게 생기
는 감정이라 할 수 없잖아?

어버이가 자식을 사랑으로 길러 주는 게 당연하다고 전제
했듯이, 오빠나 언니, 누나 형이 동생을 사랑으로 보살피는
것도 전제하고서 한 말이지 않을까?

뭉술   당연하지. 갓난아이나 어린애가 무엇을 보고 사랑을 배우
겠어. 자신이 사랑받는 걸 몸소 겪으면서 배우겠지.

캐순   어버이가 자식 사랑하는 걸 빼고, 사랑하는 감성이 자연스
럽게 발현되지는 않을 테니까, 어디선가 배우기는 배워야
하겠지. 갓난아이 때부터 가족 안에서 사랑을 느끼고 배우

는 게 일반적이고.

범식 "효성스러움과 우애·공손함은 어짊을 실천하는 기본(근본)"이라는 말은, 인간이 살아가는 일반적인 조건 속에서 나온 말이었어. 충분히 설득력이 있다.

뭉술 효와 우애·공손은 가족 관계 속에서 자연스럽게 배어들어 이루어지는 감성이니까, 어버이가 자식에게, 형과 누나가 동생에게 잘해야 생기는 마음이라 할 수 있겠다.

캐순 효하는 과정이 이러한데, 어버이가 잘못해도 무조건 따르는 게 효라고 할 수 있을까?

뭉술 그건 말이 안 되지 않나?

캐순 부모의 말을 무조건 따르는 게 효라고들 말하잖아?

그건 유학이 아니에요. 〈위정〉 편에서 공자가 이렇게 말했거든요.

맹의자가 효에 대해 묻자 공자가 대답했다. "어김이 없는 것이오." 공자 제자인 번지가 공자를 태우고 수레를 몰고 있었다. 공자가 번지에게 말했다. "'맹의자가 나에게 효에 대해 묻자, 내가 어김이 없는 것'이라고 말해 주었다." 그러자 번지가 물었다. "무엇을 어기지 말아야 한단 말입니까?" 공자는 대답해 주었다. "어버이가 살아 계실 때는 예禮로써 섬기고, 돌아가시면 예로써 장

례를 치르며, 예로써 제사를 지내는 것이지."(〈위정〉 5장)¹

범식　맹의자의 '효' 물음에 공자가 "어김이 없는 것"이라고 대답했을 때, 맹의자는 어버이 말을 무조건 따르는 게 효라고 생각한 게 틀림없어.

뭉술　그런 게 효가 아니니?

범식　번지에게 해 준 말을 잘 봐. '예'를 어기지 말라 했지, 어버이의 말을 어기지 말라는 게 아니잖아.

　　　맞아. 번지는 "무엇을 어기지 말아야 한단 말입니까?"라고 물었기에 공자의 생각을 정확히 알았지만, 맹의자는 뭉술이처럼 묻지 않았기에 공자의 말을 오해했을 것 같아.

뭉술　물어야지! 그러니 나도 묻겠어. '예'란 뭐지? '예'를 어기지 않으려면 예가 뭔지 알아야 하니까.

　　　보통 '예악禮樂'이라 말하니, 악樂과 대비되지 않을까?

샘　　맞아요. 사람의 관계는 크게 두 측면으로 이루어져요. 우선 서로를 하나 되게 하는 측면, 다음은 서로를 떨어뜨려 각자의 자리를 알려 주는 측면으로 이루어져요. 뒤엣것이 '예'이고, 앞엣것을 추동하는 활동이 '악'이에요.《예기》에 있는 다음 말이 증거예요.

악은 천지 사이의 화합하는 것이요. 예는 천지 사이에 차례를 정하는 것이다. [천지가] 화합하므로 만물이 서로 감화·변화하고, 차례가 정해지므로 만물이 각자 별도의 영역을 갖게 된다.(《예기》〈악기〉)

뭉술　질서를 위해 만들어진 게 '예'이고, 섞임을 위한 게 '악'이구나.

　　　'질서와 섞임'이 다 있을 때라야 '사람 사는 세상'일 테니까, '예악'이라 하여 한 낱말처럼 흔히들 붙여 쓰는 거고.

캐순　그래. 예건 악이건 그 자체로 중요한 게 아니라, '사람 사는 세상'을 위해 필요한 것일 뿐이지.

　　　아, 드디어 캐순이가 공자가 되었군요. 공자가 이렇게 말했거든요.

사람이면서 어질지 못하다면 예가 무슨 소용이 있단 말인가? 사람이면서 어질지 못하다면 악이 다 뭐란 말인가?(〈팔일〉 3장)

뭉술　어진 사람인 다음에야 예악도 의미가 있다는 거구만.

캐순　예악의 근본 목적이 어진 사람이라는 뜻이기도 하고.

뭉술　유학자라면 예의와 예절이 떠오르는데, 그게 유학의 본줄기는 아니었구나.

범식   예악은 구체적인 몸놀림으로 표현되니까 그 형식을 잘 갖추는 것도 중요하지. 하지만 그러한 형식을 통해 표현하고 또 이루려던 정신이 있음을 놓치지 않는 게 보다 중요하네.

 이번에는 범식이가 공자가 되었네요. 공자가 이렇게 말했거든요.

    '예가 잘 갖추어졌구나, 예가 잘 갖추어졌어'라고 말들 하지만, 그게 어찌 귀한 옥과 아름다운 비단이 잘 갖추어진 것을 두고 하는 소리이겠는가? '음악이여, 음악이여'라고 말들 하지만, 그게 어찌 종소리와 북소리를 두고 하는 소리이겠는가?(〈양화〉 11장)

 정해진 절차와 형식에 맞는다고 해서, 예법에 맞게 행동하는 게 아니었어.

샘   뭉술이 말이 딱 공자의 말이에요. 임방이라는 사람이 '예의 근본정신'이 뭐냐고 묻자, 공자가 이렇게 대답했거든요.

    크도다, 그 물음이여! 예란 넘치기보다는 차라리 부족한 것이다. 상례는 절차와 형식에 딱 맞기보다는 차라리 슬퍼하는 것이다.(〈팔일〉 4장)

뭉술 부족한 것보다는 적절한 게 더 낫잖아?

범식 당연하지. 적절한 지점을 잘 모를 땐, 그 지점을 찾다가 넘쳐 버리기보다는 차라리 부족한 상태에서 그치는 게 더 '예의 근본정신'에 맞는다는 거지.

캐순 슬퍼하면서도 절차와 형식에 맞으면 금상첨화고.

그렇지. 하지만 무언가의 이유로 그럴 수 없다면, 슬퍼하는 마음을 우선에 두어야 한다는 거지. 어쩔 수 없는 상황에선 절차와 형식은 희생할 수 있다는 소리야.

뭉술 장례의 형식과 절차를 두고 가족이나 친척 간에 낯을 붉히는 일이 종종 있던데, 그것은 장례를 치르는 근본정신을 모르는 사람들이나 하는 짓이군.

맞아요. 어떤 것도 장례 예식에서 슬퍼하는 마음과 위로하는 마음에 앞설 수 없어요. 그러한 마음 바탕이 있고서야 형식적인 면도 의미가 있죠. 이걸 잘 알려 주는 대화가 공자와 제자 사이에 있어요.

자하가 물었다. "'예쁜 웃음에 보조개, 아름다운 눈에 또렷한 눈동자, 하얀 바탕에 그림을 이루었구나'란 시詩가 있는데 무슨 뜻인지 잘 모르겠습니다." 공자가 대답했다. "그림 그리는 일은, 그림을 그릴 수 있는 밑바탕을 잘 준비한 뒤의 일이라는 말이지."

"아, 예가 나중이라는 소리이군요!" 공자가 말했다. "나를 일으켜 세우는 사람은 상(자하의 이름)이로다. 너와 이제 시를 갖고 말할 수 있겠구나."(〈팔일〉 8장)

뭉술   예가 나중이라면 뭐가 먼저지?

캐순   예쁜 웃음과 아름다운 눈이지!

뭉술   무슨 뚱딴지같은 소리야?

    찡그린 얼굴에 보조개가 들어간다고 귀여울까? 예쁘게 웃는 얼굴이 있은 다음에야 살짝 들어간 보조개도 귀여운 거지.

캐순   눈 전체가 험상궂은데 눈동자만 또렷하면 어쩌겠어?

뭉술   소름끼치도록 무섭겠지!

캐순   바로 그거야. 있어야 할 게 없는데, 예만 차리면 어떨까?

범식   형식과 절차만 남았다면 심드렁하겠지. 영혼 없는 행동이랄까.

뭉술   그럼에도 그대로 지켜야 한다면 갑갑하지.

    '예'란 그림 그리기와 같아서 그리기 전에 반드시 먼저 할 게 있다는 거지. 그림을 그릴 바탕이 되는 것, 종이나 천을 먼저 마련해야 하듯이!

뭉술   먼저 마음과 정신이 갖추어진 뒤에라야 제대로 된 '예'가

가능하다는 말이구나!

샘   다들 두 분의 대화를 잘 음미했어요. 더 살펴야 하지만 다른 기회로 남겨 두고, 공자와 제자 번지 사이의 대화를 더 맛보지요.

범·뭉·캐   옙!

효란 "어김이 없는 것"이라고 공자가 말하자, 제자인 번지가 "무엇을 어기지 말아야 한단 말입니까?"라고 물었어. 그러자 공자는 "어버이가 살아계실 때는 예로써 섬기고, 돌아가시면 예로써 장례를 치르며, 예로써 제사를 지내는 것이지."라고 했어. 어버이 말을 어기지 말라는 게 아니라, '예'를 어기지 말라는 거지. '예'는 그 시대 사람들이 생각하는 올바른 법도이고 질서이니까, 법도에 맞게 부모님을 섬기는 게 효지, 무조건 어버이의 말을 따르는 게 효가 아님은 확실해.

뭉술   법도에 맞게 어버이를 섬기되, 형식적으로가 아니라 마음에서 우러나서 섬겨야 함.

캐순   그런데도 겉보기에 행동을 잘하면 효라고 착각하는 사람이 많아.

샘   공자 당시에도 그리 여긴 사람들이 많았어요. 공자가 이렇게 말했거든요.

제자인 자유가 효에 대해 물었다. 공자가 말했다. "요즘 효라는 것은 '먹을 걸 줘서 기르는 것'을 일컫는다. 개나 말도 '먹을 걸 줘서 기르니', 공경함이 없다면 뭐가 다르겠는가?(〈위정〉 7장)

제자인 자하가 효에 대해 물었다. 공자가 말했다. "얼굴빛이 어려운 것이다. 일거리가 있어서 제자가 그 일을 대신하고, 먹고 마실 게 있어서 선생보고 먼저 드시라는 것 정도를 어찌 효라고 할 수 있겠는가?(〈위정〉 8장)

 공경하는 마음 없이 겉으로만 하는 행동은 효가 아니라는 건 이해가 돼. 만약 어버이가 잘못을 한다든가, 더 나아가 잘못을 자식에게 요구한다면, 그땐 어떻게 해?

뭉술 그래도 부모님이 하는 일인데 모른 체 해야 하지 않을까?

범식 "어버이가 살아 계실 때는 예로써 섬기라"고 하셨으니까, 당연히 잘못을 지적해야지.

 어버이가 잘못을 하면, 자식이 어떻게 해야 하는지를 두고 공자는 이렇게 말했어요.

어버이를 섬긴다는 것은 얼굴빛을 부드럽게 하고서 어버이의 잘못을 지적하는 것이다. 어버이가 자식의 지적을 따르지 않더라도, 공경해야 한다. 하지만 [법도를] 어기지 말라. 이렇게 하는 게 힘들지만, 어버이를 원망하지는 마라.(《이인》 18장)

뭉술 부모님의 잘못을 지적했는데도 부모님이 안 따르면 어떻게 하지?

범식 "공경해야 한다. 하지만 법도를 어기지 말라."라고 했잖아.

캐순 풀어 주면 좋겠다.

범식 어버이가 계속 잘못을 저지르고 있더라도, 여전히 공경해야지. 자신을 낳아 주고 길러 준 분들이니까! 하지만 법도노 어겨선 안 돼. 그러니 계속 "얼굴빛을 부드럽게 하고서 어버이의 잘못을 지적"해야 한다는 거지!

　　　계속 지적하면서도 공경하는 마음을 잃지 말아야 한다고?

캐순 정말 힘들겠다. 그래서 "이렇게 하는 게 힘들지만, 어버이를 원망하지는 마라."고 했구나.

뭉술 한 번 부모님의 잘못된 행동을 지적했으면 자식으로서 할 바는 했으니, 거기서 그쳐도 되지 않을까?

　　　중국에 포함이라는 사람이 있었는데, 그도 그리 생각했죠. 포함은 "어버이의 뜻이 내 지적을 받아들이지 않는 것을 알았거든, 또 마땅히 공경하고 감히 부모님의 뜻을 어기지 말고, 지적해야 하는 나의 도리를 완수해라."라고 말했어요. 이 말을 다산 정약용 선생은 신랄하게 비판했죠.

틀린 말이다. 한 번 지적하여 어버이가 따르지 않는다고 해서 어버이의 명에 순종한다면, 어버이를 악에 빠뜨리는 것이니, 잘못을 지적하는 뜻이 어디에 있겠는가? …… 만약 포함의 설을 따른다면, 자식이 지적하는 것을 어버이가 따르지 않는 경우, 자식이 오히려 어버이의 잘못된 뜻을 받들고, 어버이가 허물을 짓는 대로 내버려 두는 것이다. 이는 어버이의 뜻을 염탐하고 악에 영합하는 것이다. 천하에 이처럼 잘못을 지적하는 법이 어디 있단 말인가?[*]

 어버이가 심하게 화를 내면 어떻게 해야 할까?

샘 다산 선생은 《예기》의 글을 인용하여 "부드럽게 지적하되 게을리하지 말아야 한다."고 하셨어요.

범식 부모가 화를 내는 정도가 아니라, 매를 들어 때리면 어떻게 하죠?

샘 역시 다산 선생은 그 경우에도 당신의 생각을 밝혀 놓았어요. 부모가 매를 들 정도의 일이라면 굉장히 심각한 일이겠죠? 부모가 잘못을 계속 저지른다면, 부모님의 이름이 동네나

* 정약용 지음, 이지형 옮김, 《논어고금주》, 사암, 2010, 469쪽.

고을 사람들의 입에 불녕예스럽게 오르내리고, 심지어 고을이나 나라에 죄를 짓는 지경에 이를 거예요. 그래서 다산은 《예기》의 또 다른 글을 인용해 "부모가 고을이나 고장에서 죄를 얻지 않도록 열심히 지적해야 하는데, …… 부모가 노하여 매로 때리더라도 그렇게 해야 한다."라고 하셨어요. 다만 그때도 "원망하지 말고, 공경하는 마음을 일으켜야 한다."라고 했죠.

 샘! 성군으로 이름 높은 순임금은 부모 몰래 결혼했다던데, 참말인가요?

샘 맞아요.

범식 순임금은 '효'로 이름이 날린 분이 아닌가요?

샘 그것도 맞아요. 순임금은 효의 아이콘이에요. 순임금은 대효大孝를 한 분이라고 맹자가 말했을 정도니까요.

뭉술 부모 몰래 결혼했는데도 효자로 이름을 얻었다니, 알다가도 모르겠다.

 맹자 제자 중에 만장이 있는데, 뭉술이처럼 그분 또한 이해가 안 되었던 것 같아요. 시까지 인용하며 그 문제를 스승인 맹자에게 의문을 제기했어요.

　만장이 물었다. "시에 '장가드는 것은 어떻게 해야 하는가? 반드시 어버이에게 알려야 한다'라고 되어 있습니다. 이 말이 정말 맞는다면 결코 '순'과 같지 않아야 할 것입니다. 순은 어버이에게 알리지 않고 결혼을 해 버렸는데, 도대체 왜 그랬습니까?" 맹자가 대답했다. "알린다면 장가를 들지 못하겠기 때문이다. 남녀가 가정을 꾸리는 것은 사람이 따라야 할 윤리 중에서 아주 큰 윤리이다. 알린다면 사람이 따라야 할 큰 윤리를 허물어뜨리겠고, 또 그 때문에 부모님을 원망하겠기에, 알리지 않은 것이다."(〈만장 상〉 2장)[10]

범식 어버이의 말이 아니라, 보편적인 진리를 따르는 게 유학이고 '효'구나.

  정확히는 보편적인 진리라고 '여겨지는 것'을 지켜야 한다는 말이라고 봐야겠지. 그때는 그렇게 생각했겠지. 지금은 결혼하는 게 보편적인 진리라고는 할 수 없지만.

뭉술 유학에서 생각하는 효가 이런데, 왜 우리는 엉뚱하게 알고 있었을까?

샘 좋은 물음이에요. 나중에 '충忠'과 함께 '효'를 엉뚱하게 알게 된 이유를 살펴보도록 하죠.

캐순 본문에 "사람 됨됨이가 효성스럽고 우애·공손하면서도 윗사람을 범하는 사람은 드물다."라고 되어 있는데 정말 그럴까?

 일반적으로 맞는 말이라고 생각해. '범하다'는 '어기지 않
다'와 달라. 법도를 따르는 게 '어기지 않는 것'이라면, '범
하다'는 윗사람이 잘못이 없는데도 힘으로 그를 제압하는
것이니까. 침범이나 범법을 떠올리면 말뜻을 알 수 있어.

뭉술   그렇더라도, "효성스럽고 우애하는" 사람은 윗사람을 침범
하지 않고 반란을 일으키는 범법자도 되지 않을 거라는 말
은 어딘지 빈말이라는 생각이 든다.

범식   그건 아직도 '효'를 사사로운 감정으로만 보기 때문이지 않
을까? 앞에서 '효'란 예, 즉 법도를 어기지 않는 것임을 길
게 살폈잖아? 효성스러운 사람이란 법도를 잘 지키는 사람
이야. 그런 사람이 법 어기기를 좋아한다는 건 모순이잖아?

맞아. 워낙 오랫동안 굳어 온 생각이라 나도 모르게 '효'를
또 사사로운 감정으로만 여기고 말했네.

캐순   나도 뭉술이처럼 생각했어. 습관처럼 굳어 온 생각을 바꾸
는 게 참 힘드네! 효와 예를 이제는 다르게 봐야 할 텐데,
의식하지 않으면 금방 또 《논어》 공부하기 전으로 돌아갈
것 같아!

샘   이런 경우는 어떨까요? 어버이가 돌아가시자 장례도 치르
지 않고 주검을 천으로 돌돌 말아서 구덩이에 파묻었다면

예를 지켰다고 할 수 있을까요?

뭉술 　도저히 장례를 치를 수 없는 상황이라면 그렇게 해도 괜찮지 않을까요? 코로나로 장례식을 생략하고 바로 화장하는 경우와 같은 거죠.

3장

어질기 힘든 사람은
누구일까요?

공자가 말했다. "교언영색巧言令色, 즉 말을 듣기 좋게 하고 낯빛을 보기 좋게 하는 이에게는 어짊이 드물다."

子曰, "巧言令色, 鮮矣仁!"
자왈 교언영색 선의인

뭉술 교언영색은 나쁜 것이니까, 굳이 말하지 않아도 되지 않나?

범식 교언영색만 놓고 보면 그렇게 생각되지만, 그것을 "말을 듣기 좋게 하고, 낯빛을 보기 좋게 하는 이"로 번역해 놓으니까, 뭔가 생각할 게 있겠다 싶어.

캐순 동감! 그런데 갑자기 왜 이 말이 튀어나왔을까?

1장에서 배움을 통해 군자스러운 사람이 되고자 함을 말했고, 2장에선 '어짊'과 어짊을 실천하는 기본은 무엇인가를 말했어. 그렇다면 3장에서도 '어짊'을 좀 더 말하는 게 자연스러운데, 나는!

캐순 '이러저러하면 어진 사람이다'라고 하지 않고 '이런 사람은 어진 사람이기가 힘들다'는 식으로 말하니, 난 좀 이상해 보여.

어떤 사람이 어진 사람인지 그냥 알 수 있는데, 굳이 밝힐 까닭이 없잖아?

범식 "말을 듣기 좋게 하고, 낯빛을 보기 좋게 하는 이"를 보면 어진 사람이란 생각이 들까? 아니면 어진 구석이라고는 찾아보기 힘든 사람이란 생각이 들까?

뭉술 교언영색하는 사람인데, 어진 사람일 수 없잖아?

범식 교언영색은 겉과 속이 다른 사람의 행동이라고 굳어져서

일 거야. 우선 굳어진 생각을 치워 놓고, "말을 듣기 좋게 하고, 낯빛을 보기 좋게 하는 이"를 그냥 판단해 보자는 거야. 그 말 자체엔 '겉과 속이 다르다'가 들어 있지 않으니까.

캐순 그 사람 속을 알 수 없다면, 같은 값이면 듣기 좋은 말이 좋고 웃는 얼굴이 좋으니까, 우선은 부드럽고 착하고 꽤 괜찮은 사람이라는 인상이겠지.

뭉술 부드럽고 착하면 어진 사람이지. 어버이와 형제자매에게 부드럽고 착하면, "효성스럽고 우애·공손한" 사람이고.

범식 바로 그거야. 어진 사람이 되어야 한다고 하니까, 마음이 어떠해야 하는가는 생각지 않고 겉으로 드러나는 면만 잘하면 된다고 생각해서, '말을 부드럽게 하는 것과 웃는 얼굴을 하는 데'만 신경을 쓸까 봐 그렇게 말한 게 아닐까?

 어떤 사람이 '어진가?' '어질지 않는가?'는 겉모습으로 판단할 수 없다. 이 점을 분명히 알라는 게 공자가 그리 말한 본래 뜻이라는 거군.

범식 맞아. 그런데도 우리 시대는 모든 것을 겉모습에 치중하고 있어. 교언영색하는 사람이 얼마나 많아. 또한 비굴하다 싶을 정도의 그런 겉모습으로 자기를 대해 주기를 바라는 사람이 얼마나 많니?

캐순 교언영색을 권장하고 강요하는 시대이지. 감정 노동에 종

사하는 사람들에게 요구하는 게 대표적이야.

뭉술　겉모습을 보기 좋게 하는 것도 필요하긴 하지. 겉은 환히 드러나 있고 속은 드러나 있지 않으니, 보이는 겉에 마음이 더 가는 게 보통 사람이니까.

범식　맞아. 하지만 겉모습에 치우칠 때, 거기엔 사람과 사람 사이에 있어야 할 인간다움의 총체적인 감성인 어짊은 자라지 않는다는 게 공자의 말씀이지.

　경계로 삼아야 할 말씀이다. 겉모습에 치우치지 않으려면 어떻게 해야 할까?

4장

나를 돌아보는
세 가지가
있다고요?

증자는 말했다. "나는 날마다 세 가지로(세 번) 내 자신을
되돌아본다. 다른 사람을 위해 일을 하면서 진심[충忠]으
로 하였는가? 벗과 사귀면서 미덥지 않았는가? 익히지
않은 것을 전했는가?

曾子曰, "吾日三省吾身, 爲人謀而不忠乎? 與朋友交
而不信乎? 傳不習乎?"

* '전해 받은 것을 익히지 않았는가?'로 해석하기도 한다.

캐순   이 구절을 보니, 겉에 치우치지 않으려면 내 자신을 되돌아
       봐야 한다고《논어》는 말하는 것 같다.

범식   그럴 때, 겉만이 아니라 마음도 생겨나니까.

캐순   마음이 없으면, 인간다움의 총체적인 감성인 어짊이 생겨
       나지 않는다고 봐야지.

쌤! 정조가《일성록日省錄》을 남겼는데, 이 '날마다 세 가지
로[일삼성日三省]' 구절에서 따왔나요?

샘   옙!

뭉술   그런데 꼭 "날마다 세 가지로(세 번) 내 자신을 되돌아" 봐
       야 하나?

범식   살피는 항목과 횟수야 다르지. 옛날 글에서 세 번은 꼭 세
       번이 아니라, '자주 하다'를 뜻할 때가 많아. 여기서도 돌아
       보는 일을 게을리하면 안 된다는 걸 말하기 위해 '셋'을 들
       었다고 봐야지.

꼭 여기에 나온 세 가지 주제대로 되살펴야 하는 것은 아
니라는 말에 동감! 하지만 나름 중요한 항목을 제시했다고
봐. 우선 "다른 사람을 위해 일을 하면서 진심[충忠]으로 하
였는가?"를 보자.

뭉술   쌤! '충'은 충성을 뜻하지 않나요? 왜 진심이라 번역해요?

샘   우리가 통상적으로 아는 충성은 '상명하복', '윗사람에게

무조건 몸 바치는 것'을 뜻하기 때문이에요. 유학에서 말하는 충은 그런 충성과는 전혀 다르거든요. 샘이 《논어》에 충이 나온 구절들을 찾아서 알려 줄 테니, 충이 무엇을 뜻하는지 생각해 보기 바랍니다.

공자가 말했다. "그에게 '충'을 한다면, 가르치지 않을 수 있겠는가?"(〈헌문〉 8장)

자공이 벗 사이는 어때야 하는지 물었다. 공자가 말했다. "'충'으로 [잘못을] 말해 주어 선도善道해야 한다.(〈안연〉 23장)

 어라, '충'의 의미가 가르친다는 거잖아?

캐순 주로 신하가 임금을 대하는 태도가 '충'이라고 하는데, 그럼 임금을 가르쳐야 한단 말인가?

범식 임금이 잘못하면 잘못을 지적하고, 올바른 길이 무엇인지 가르쳐 주어서 나랏일을 잘 감당케 하는 게 충신이니까.

뭉술 임금이 잘못하는데도 임금의 뜻대로 하면 간신이고.

 임금과 신하가 서로를 어떤 식으로 대해야 하는지를 밝힌 구절을 읊어 줄 테니 생각해 보세요.

노나라 임금인 정공이 물었다. "임금이 신하를 부릴 때, 신하가 임금을 섬길 때 어떤 태도로 해야 합니까?" 공자가 대답했다. "임금이 신하를 부릴 때는 예를 지켜야 하고, 신하가 임금을 섬길 때는 '충'으로써 해야 합니다."(〈팔일〉 19장)

캐순   임금이 신하를 '예'로 대해야 한다고?

뭉술   신하가 임금에게 예를 지켜야 하는 게 아니라는 거네.

범식   서로가 서로를 예로 대해야겠지.

캐순   그런데 왜 한쪽의 경우만 들어 말했을까?

뭉술   예를 어길 가능성은 힘이 센 쪽에 월등히 더 많으니까.

캐순   아, 감이 왔어. 관계를 끊을 수 없는 경우, 힘이 약한 사람이 힘이 엄청 센 사람을 어떻게 대하기가 십상일까?

범식   교언영색하기 십상이겠지.

  바로 그거야. 힘에서 월등히 약한 신하가 명심해야 하는 건 진실한 마음으로 임금을 만나는 것이야.

뭉술   그게 바로 '충'이지?

  샘! 신하가 임금을 충으로 섬기는 걸 더 구체적으로 밝힌 글은 없나요?

샘   '충'이란 글자는 사용하고 있지 않지만, 임금을 어떻게 섬기는 게 올바른지를 밝힌 글은 있어요.

공자가 말했다. "이른바 큰 신하란 도로써 임금을 섬기는 것입니다. 그럴 수 없는 상황에선 물러나는 사람이지요."(〈선진〉 23장)

캐순   임금이 원하는 걸 들어주는 게 충이 아니라, "도로써 임금을 섬기는 것"이 충이구만!

     그래서 조선은 '서연'을 두어 세자를 가르치고, '경연'을 두어 임금을 가르쳤구나! 경연과 서연은 "도로써 임금을 섬기는 것"을 제도화한 거였어.

뭉술   조선은 신하가 임금을 가르쳤다고?

범식   그래. 조선의 임금은 원칙적으로 하루에 세 번 신하와 함께 고전을 강독하고 토론을 해야 했어

캐순   안 하면 어떻게 되는데?

범식   물론 사정이 있으면 쉬었지. 임금이 핑계를 대고 쉬기도 했어. 그러면 신하들이 '공부를 게을리해선 안 된다'며 수시로 상소문을 올렸지. 그 등쌀에 밀려 왕은 경연을 재개할 수밖에 없었고.

뭉술   왕이 신하들의 바른말을 안 듣고 정치를 잘못하면 어떻게 하지?

     상소문을 올려야지.

샘   임금이 잘못하고서 고치지 않으면 어떻게 해야 하는지가
《논어》에 나와 있어요.

> 제자인 자로가 임금 섬기는 것에 대해 묻자, 공자가 말했다.
> "속이지 않아야 한다. [임금이 잘못하거든] 임금을 침범한다는
> 느낌이 들 정도로 맹렬하게 잘못을 지적해야 한다."(〈헌문〉 23
> 장)

범식   와, 쎄다. "임금을 침범한다는 느낌이 들 정도로 맹렬하게
잘못을 지적"하라고 하다니! 그래도 임금인데!

원문은 사실 더 강해요. 너무 강해서 쌤이 약간 약하게 번
역했어요. 글자 그대로는 그냥 "임금을 범해라"이거든요.

뭉술   그게 충이라는 거구나. "속이지 않는 것"이 충인 건 당연
하고.

캐순   그런데 누구를 속이지 않는다는 거지?

자기 자신을 속이지 않는 거지. 교언영색은 자기가 자기를
속이는 짓이니까.

뭉술   결국은 임금을 속이지 않는 게 되는 거고.

샘   충은 힘 있는 사람에게만이 아니라, 힘이 있든 없든 다른
사람과의 만남에서 반드시 있어야 할 덕성이에요.

제자인 번지가 어짊에 대해 묻자, 공자가 말했다. "평소에 공손하고, 일을 할 때는 경건한 마음으로 하고, 사람과의 만남은 '충' 즉 진실한 마음으로 하는 것이다. 이런 것들은 비록 변방의 나라에 가더라도 버려서는 안 된다."<small>*</small> (〈자로〉 19장)[6]

뭉술   누구든 진실한 마음으로 대해야겠지.
임금이 관료들에게 예를 지키면 관료들도 임금에게 진심, 즉 충으로 대할 거라는 점은 이해가 됐어. 일반 백성들에겐 임금이 어떻게 해야 백성들이 임금에게 충심을 가질까?

샘   공자의 말을 들어 보죠.

[노나라의 왕이나 다름없는] 계강자가 물었다. "백성으로 하여금 공경심과 충심을 갖고, 또 서로서로 권면하며 살게 하려면 어떻게 해야 합니까?" 공자가 말했다. "백성을 장중하게 대하면, 백성이 임금을 공경할 것입니다. 백성에게 효성과 자애로움을 다하면 백성도 임금에게 충심을 가질 것입니다. 선한 사람을 등용하여 능력이 부치는 사람을 가르치면, 백성들이 서로 권면할 것입니다.(〈위정〉 20장)[7]

---

*   '이렇게 하면 비록 변방의 나라에 가더라도 쓰이게 될 것이다'로 번역하기도 한다.

샘   더 놀라운 게 있어요. 사람에게 '충'헤야 한다는 데서 그치지 않았다는 점이에요. '일'을 하는 데도 충으로 해야 한다고 했어요.

   제자인 자장이 정치에 대해 묻자, 공자가 말했다. "평소에는 게으르지 말아야 하고, 일을 할 때는 '충'으로 해야 한다."(〈안연〉 14장)

   자장이 물었다. "초나라 재상이었던 투자문은 세 번이나 재상이 되었는데 특별히 기뻐하는 빛이 없었고, 세 번이나 재상 자리에서 밀려났는데도 서운해 하는 빛이 없었습니다. 그 뿐만이 아니라 물러날 때마다 반드시 재상으로서 자신이 해 왔던 일을 새로 재상이 된 사람에게 말해 주어 인수인계를 확실히 했습니다. 이 정도면 어떤 사람이라 할 수 있습니까?" 공자가 말했다. "충한 사람이구나."(〈공야장〉 18장)

뭉술   '충'의 뜻이 깊고, 적용되는 범위도 넓구나.
       그래서 증자가 스승인 공자의 도를 가리켜 "충서忠恕일 따름이다." 라고 했구나!
캐순   '서恕'는 무슨 의미지?
       '恕' 자는 '같을 여如 + 마음 심心'으로 되어 있어. 글자 그대로야. 나와 같은 마음으로 다른 사람을 대한다는 뜻이지.

샘 그 문장 "충서"에 주자가 인용한 정자程子 의 주석을 알려
드릴게요.

충은 하늘의 도요. 서는 사람이 걸어야 할 길이다. 충이란 하늘
의 진실함이고, 서는 충을 이행하는 것이다.(〈이인〉 15장 주석)

범식 이 주석에 따른다면, 임금을 '충'으로 섬긴다는 것은 '하늘
의 도'로 임금을 섬긴다는 소리이구나.

뭉술 '충'에 이 정도로 엄청난 뜻이 들어 있는데 왜 '상명하복'이
나 '윗사람에게 무조건 몸 바치는 것'이 충이라고 그릇되게
알려졌을까?

  '상명하복'을 입버릇처럼 달고 다니는 사람들이 '충'을 그
렇게 왜곡했겠지.

뭉술 '상명하복'이 필요한 집단도 있어. 군인들은 그래야 하잖
아?

캐순 '충'을 '상명하복'으로 여기는 것은, 무인이 중심인 사회에
서는 가능한 일이겠다.

* 정자는 주자가 스승으로 깊게 존경했던 인물이다.

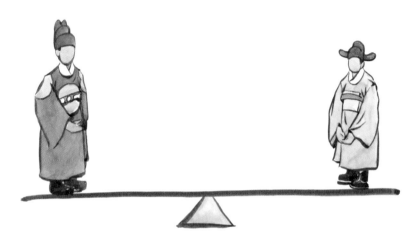

범식　조선은 무인을 천시하진 않았지만, 문인 중심의 사회였으니 그럴 리가 없고.

뭉술　일본은 사무라이 사회니까, 혹시 일제 강점기 때 생긴 게 아닐까?

범식　'주군을 위해 죽는다'가 사무라이들의 모토니까, 그럴 수도 있겠다.

　우리 시대에 효와 충을 복종의 언어로 이해한 데는 크게 세 번의 왜곡이 있었어요. 중국의 한나라 때, 일제 강점기 때, 박정희 군부 독재 때가 그랬어요. 이 중에서 마지막이 결정적이에요. 그때 고려대학교 철학과 교수였던 김충열 선생님이 어금니를 앙다물고 써 내려갔던 글을 읽어 보죠.

1970년대 중반 우리는 군사 정권이 장기 집권을 꾀하기 위해 이른바 '유신維新'이라는 …… 상황 속에서 자유와 주권을 유보당하고 교도적敎導的 민주주의라는 괴력난신怪力亂神에 의해 제재당해야 했다. 이때 동양 철학하는 교수로서 이중의 사상적 부담까지 져야 했으니, '유신'의 교도 철학의 주요 개념으로 '효'와 '충'을 사상적으로 밑받침하는 역할을 떠맡도록 강요되었기 때문이다. 그리하여 동양 철학하는 교수들은 각 대학, 각 기관을 돌아다니며 '충효 사상' 강연을 하도록 동원되어 일종의 운동 선전

원이라고 할까, 좋게 말해서 충효 사상을 이해 보급시키는 데 이용되었던 것이다. 그런데 놀랍게도 학자들이 포교식으로 떠드는 충효의 내용은 모두 중국 한나라 때 중앙 집권을 뒷받침하기 위해 만든 삼강오륜三綱五倫(글쓴이 주: '삼강'은 한나라 때 형성된 것으로 복종과 위계질서의 언어이지만, '오륜'은 수평적이고 쌍무적인 윤리의 언어이며, 맹자에 그 원형을 두고 있다.), 즉 복종 윤리 일색이었고, '충효'에 대한 일반의 상식도 그런 것으로 굳어져 갔다는 사실이다. …… 나는 이런 분위기 속에서 나 혼자만이라도 지성의 양심을 지키고 충효 사상이 역사적으로 어떻게 변질되어 왔는지를 밝히는 데 역시 열을 올리며 외쳐 댔다. 즉 나의 강연 내용은 '충효 사상'의 원형은 오늘날 우리가 이해하는 그런 복종 윤리가 아니라, 원시 유가, 즉 공자, 맹자의 경우 이는 횡적 윤리요 쌍무적 관계였음을 강조하는 것이었다.

뭉술   '유신'이 뭐지?

 박정희 장군이 1961년에 쿠데타를 일으킨 뒤 그 힘을 동원해 1963년과 1967년에 연이어서 대통령이 되었어. 우리 헌법엔 세 번 대통령이 되는 것을 금하는 조항이 있으니까,

*   김충열 지음, 《유가윤리강의》, 예문서원, 1994, 15쪽.

1971년 대통령 선거엔 나올 수 없었지. 그래서 국회의원을 협박하고 고문하는 등 갖은 짓을 다 해 헌법 바꾸는 것을 인정하게 만들고, 그것도 모자라 야당 몰래 헌법을 바꾼 뒤 발표했어. 핵심은 세 번 대통령을 할 수 있다는 거였지. 그래서 삼선개헌이라고 해. 그렇게 해서 대통령 출마 자격을 얻은 다음 1971년에 대대적인 부정 선거를 해서 겨우 당선이 되었어. 당선이 되긴 했지만, '1975년엔 또 어떻게 해야 할까' 하며 걱정이 되었겠지. 또 헌법을 바꿨지. 이번엔 아예 죽을 때까지 대통령을 할 수 있게 헌법을 확 바꿔 버렸어. 이른바 '유신헌법'이지.

캐순 어떻게 바꿨는데?

대통령 횟수 조항을 없애 몇 번이고 자기 맘 내키는 대로 할 수 있게 했고, 국민들이 직접 선거로 뽑는 조항을 없애고 '통일 주체 국민 회의'가 체육관에서 대통령을 뽑게 했지. 또한 국회의원 중 삼분의 일을 대통령이 맘대로 임명하게 해 놓고, 군대가 직접 통치할 수 있는 '계엄령'과 '위수령'을 멋대로 선포할 수 있게 해 놨지.

뭉술 그런 것도 '헌법'이라고 보나?

캐순 그래서 교수까지 동원해 충효를 왜곡하며 '복종 운동'을 벌여 나갔구나.

김충열 선생님의 울분을 조금 더 들어 보죠.

　　그때 나는 바보스러울 만치 고집스러웠다. 강연 나오지 말라면 안 나가면 그만이지 내가 무슨 통뼈라고 이를 참지 못하고 「효와 충의 본래 의미」라는 원고지 약 50매(약 1만 어) 분량의 글을 써서 《주간 조선》에 발표하였다. 이는 일종의 항소였다. 옛날 같으면 만언항소萬言抗訴라 해도 좋을 것이다. 그러나 나의 한 목소리 외로운 글줄이 어찌 광란처럼 팽배하는 시대의 물줄기를 막아 낼 수 있었겠는가? 위정자는 많은 연구비를 대어 학자들로 하여금 충효에 관한 논문을 쓰게 하고(내가 듣기로는 200여 편의 논문이 나왔다고 함) 초등학교, 중고등학교의 도덕 교육을 강화, 충효 사상을 교육면에서 대대적으로 고취시켰던 것이다. 지금도 사람들은 기억할 것이다. 국민학교 벽에 커다랗게 '忠, 孝, 禮' 세 글자(이때 한자도 가르치지 않으면서 '忠, 孝, 禮'는 한자로 썼다)를 써 붙였던 것을…….

뭉술　무지막지한 인간들!

캐순　그런 무지막지한 인간들을 넘어, 이렇게 밝은 세상에 살게

---

*　김충열 지음, 《유가윤리강의》, 예문서원, 1994, 16쪽.

된 게 얼마나 고마운 일인지 모르겠다.

범식 무지막지한 행동은 언젠가는 끝장나기 마련이지.

🙂 4장에서 증자가 "날마다 세 가지로(세 번) 내 자신을 되돌아
보았다"고 했는데, 이쯤에서 첫 번째 항목은 마치고, 두 번
째 "벗과 사귀면서 미덥지 않았는가?"를 이야기 나눠 보자.

범식 '믿음직한 벗'은 나를 속이지 않는 데서 그치지 않고, 나와
관계된 일이든 그 자신의 일이든 해야 할 일을 잘해낼 수
있는 능력도 갖춘 사람이겠지?

뭉술 듬직한 벗이군.

캐순 혹시 '믿음직한'의 축약형이 '듬직한'이 아닐까?

범식 재미있는 발상이다. 아무튼 미덥고, 믿음직하다는 것은 단
지 의도가 아니야. '이루어 내는 힘'이 있을 때 쓰는 말이라
는 거지.

🙂 낱말의 핵심을 찾아서 그 뜻을 또렷이 하는 태도, 아주 좋
아요. 《논어》에서 '미더움[신信]'은 주로 '진실한 마음[충
忠]'과 짝처럼 같이 묶여서 자주 나와요. 8장에서 '벗 삼는
것'과 관련해서 예시를 볼 수 있으니까, 그때 이 점도 말하죠.

뭉술 그럼 자신을 살피는 세 번째 항목에 대해 살펴보자.

샘 이 구절은 "익히지 않은 것을 전했는가?" 그리고 "전해 받
은 것을 익히지 않았는가?" 두 가지로 해석이 돼요. 그중

어느 하나가 아니라, 두 의미를 다 포괄하는 것으로 보는
게 좋아요.

캐순   무엇을 전해 받았을까?

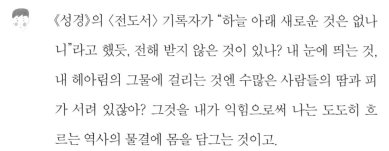 《성경》의 〈전도서〉 기록자가 "하늘 아래 새로운 것은 없나
니"라고 했듯, 전해 받지 않은 것이 있나? 내 눈에 띄는 것,
내 헤아림의 그물에 걸리는 것엔 수많은 사람들의 땀과 피
가 서려 있잖아? 그것을 내가 익힘으로써 나는 도도히 흐
르는 역사의 물결에 몸을 담그는 것이고.

뭉술   전해 받은 것을 익혀서 내가 그것을 전해 줄 때 역사의 물
줄기가 흐른다는 거지?

캐순   그렇더라도 사람마다 전해 받은 것은 다 다르겠지. 그중에
특히 내가 익혀서 전해 주어야 하는 것이 사명일 테고.

뭉술   증자가 '전해 받았다'고 했는데, 누구에게 받았으며 구체적
으로 무엇을 말할까?

범식   증자는 공자의 제자니까 공자에게 받았겠고. 그 내용은
《논어》에 들어 있는 거의 모두라 해야겠지.

캐순   《논어》를 깊게 들여다보고 그 맛을 음미하면, 우리도 공자
제자들이 누렸던 호사를 누릴 수 있다는 소리네!

기쁜 일이죠. 증자는 스승 공자로부터 받은 것을 한마디로
응축했는데, 우리가 앞에서 봤던 "충서忠恕"가 그것이에요.

"충서"를 한 글자로 줄이면 '인仁'인데, 증자가 어떤 자세로 삶을 살았고, 또 그의 제자들에게도 어떻게 살아야 한다고 가르쳤는지를 알려 주는 구절이 있어요.

증자가 말했다. "선비는 넓고 굳세지 않을 수 없다. 짊어져야 할 짐은 무겁고 길은 멀기 때문이다. 어진 사람으로 살아가기를 자기의 책임이라고 여기니 무겁지 아니한가? 죽은 다음에서야 끝나는 길이니, 멀다고 하지 않을 수 있겠는가?"(〈태백〉 7장)[12]

범식　《논어》를 배우는 우리도 깊게 새겨야 할 글이라고 생각해. 그러면 공자로부터 면면히 이어지는 문명의 물줄기 속에 우리도 있게 되겠지.

캐순　그래. 그런데 공자는 누구에게 배웠지? 그분에게도 스승이 있었나?

샘　콕 집어서 언급되는 스승은 없어요.

　공자쯤 되는 사람이라면 혼자서 스스로 터득할 수 있지 않았을까?

샘　유학이 제법 퍼진 후대에, 그렇게 생각했던 사람이 꽤 있었어요. 자기들의 먼 스승인 공자를 신비화하고 싶었던 거죠. 하지만 공자는 스스로 '옛것을 좋아하고 이어받은 사람'임을 분명히 밝혔어요.

공자가 말했다. "나는 이어받았을 뿐 직접 창작한 사람이 아니다. 옛것을 미더워하고, 또 좋아한 사람이다."(〈술이〉 1장)[13]

공자가 말했다. "나는 태어나면서부터 앎이 있었던 사람이 아니다. 옛것을 좋아하여 부지런히 찾아다닌 사람이다."(〈술이〉 19장)[14]

캐순 그런데 왜 그분의 스승은 알려지지 않았지?
뭉술 여기저기서 두루두루 배웠기에 그러지 않았을까?
범식 샘, 공자가 배우고 익힌 게 무엇인지 밝혀 놓은 건 없나요?
공자는 당신이 살았던 주나라 시대만이 아니라, 그 전 시대인 은나라, 그 이전 시대인 하나라에 대해서도 충분하지는 않지만 꽤 많이 알고 있었어요.

공자가 말했다. "하나라의 정치와 예법에 대해 내가 말할 수 있지만, 하나라의 유산을 물려받은 기나라가 충분히 증거를 대주지 못하는구나. 은나라의 정치와 예법에 대해 내가 말할 수 있지만, 은나라의 유산을 물려받은 송나라가 충분히 증거를 대 주지 못하는구나. 문헌이 부족하기 때문이다. 그것이 충분했다면 내 말이 증거를 가질 수 있었을 것이다."(〈팔일〉 9장)[15]

뭉술 공자님이 역사 공부를 열심히 했다는 소리네. 나도 이제 역사책을 손에서 놓지 않아야겠다.

 왜 역사 공부를 했을까?

범식 역사를 잘 알면 변화하는 흐름과 그 모양새를 알 수 있거든.

캐순 역사 공부를 통해 앞으로 나아갈 길을 미리 내다볼 수 있다는 소린가?

 공자도 그 비슷한 소리를 했어요.

　제자인 자장이 물었다. "열 왕조 뒤의 일도 알 수 있습니까?" 공자가 말했다. "은나라는 하나라의 정치와 예법을 이어받았는데, 거기에서 덜어내고 보탠 것이 무엇인지를 알 수 있다. 주나라는 은나라의 정치와 예법을 이어받았는데, 거기에서 덜어 내고 보탠 것이 무엇인지를 알 수 있다. 혹시 주나라를 이어받은 나라가 있다면, 백 왕조 뒤의 일이라도 알 수 있을 것이다."(〈위정〉 23장)[16]

뭉술 "백 왕조 뒤의 일이라도 알 수 있을 것"이라니, 뻥이 좀 센 거 아냐?

범식 　모든 일을 안다는 게 아니잖아? 왕조기 교체될 때 "덜어 내고 보탠 것"이 있는데, 그것 말고 왕조 교체에도 불구하고 '여전히 남아 있는 것'에 대해 안다는 말이니까, 보기에 따라선 가능할 수도 있지.

캐순 　인간 역사가 이어지는 한 계속될 것이 무엇인지 안다는 말인가?

범식 　그렇지.

　그런데 말이야. "혹시 주나라를 이어받은 나라가 있다면"이라는 단서를 단 까닭은 뭐지?

캐순 　하·은·주 문명이 아닌 다른 문명도 가능하다는 소리가 아닐까?

범식 　그럴 것 같긴 하지만, 공자는 그 문명은 별로 좋아하지 않았을 것 같아.

뭉술 　아니, 왜? 공자나 되시는 분께서!

범식 　그분 또한 당신이 살아온 테두리를 근원적으로는 벗어날 수 없으니까.

캐순 　사람이 가진 어쩔 수 없는 한계지. 그나저나 공자는 '하·은·주 문명'에서 변하지 않을 건 뭐라고 여겼을까?

　《예기》에 바꾸어도 되는 것과 바꾸어서는 안 되는 것이 나와요.

성인이 왕이 되어 천하를 다스릴 땐 반드시 사람의 바른 도리[인도人道]로부터 시작한다. 저울과 도량형을 정하고, 문장의 무늬를 고찰하고, 달력을 고치고, [수레와 말의] 색깔을 바꾸고, 휘호·기계·의복을 달리한다. 이것들은 모두 백성과 함께 뜻을 맞추어 바꿀 수 있는 것이다. 하지만 바꾸어서는 안 되는 것도 있다. 어버이를 어버이로 여기고, 존경할 만한 사람을 존경하고, 어른을 어른으로 대접하고, 남녀 사이에 구별을 두는 것이 그것이다. 이는 백성과 함께 뜻을 맞추어 바꿀 수 없는 것이다. (《예기》, 〈대전〉)[17]

범식 '하·은·주 문명'을 이었다면, "어버이를 어버이로 여기고, 존경할 만한 사람을 존경하고, 어른을 어른으로 대접하고, 남녀 사이에 구별을 두는 것"은 바뀌지 않겠네.

뭉술 이 정도는 인간 문명이 존재하는 한 언제까지나 있지 않을까? 지당한 소리를 새삼스레 지적할 필요가 있었을까?

그냥 보면 그리 여길 수도 있어. 하지만 생각해 보면 달라 보여. "남녀 사이에 구별을 두는 것"은 이미 무너진 소리잖아? 임신은 여성이 하는 것 정도가 남아 있지만, 시험관 아이나 인공 수정 등이 이미 멀찌감치 나아간 것으로 보아 그것도 오래가지 않을 게 확실해.

'존경할 만한 사람을 존경하고, 어른을 어른으로 대접하라'는 말이 지당하지만, 어른이라도 지적할 게 있으면 지적해야 한다고 생각해. 공자가 살던 때는 전쟁이 일상이던 시대야. 그때 그 지당한 말이 지켜지고 있었을까? 싸움 잘하는 사람을 떠받들지 않았을까? 인품이 있는 사람이나 노인은 싸움도 못하는 늙다리 취급을 받았을 테고.

뭉술 전쟁 땐 싸움 잘하는 게 필요하고 중요하잖아?

캐순 물론. 하지만 그것이 일반적인 문명의 꼴이어서는 안 되겠지. 그렇기에 "존경할 만한 사람을 존경하고, 어른을 어른으로 대접하라"는 말은 전쟁의 시대에 더 긴급하게 언급해야 한다고 생각해.

뭉술 기본적인 것인데 시대 때문에 언급되지 않으니, 일삼아서 언급해야 한다는 것에 나도 동의해.

범식 샘! '하·은·주 세 시대'를 거치면서 시대에 따라 변한 것을 공자가 구체적으로 말한 구절은 없나요?

 공자는 '하·은·주 세 시대'의 문물을 살펴본 뒤, 더 앞선 시대의 것이든 더 나중의 것이든 가리지 않고 당신 생각에 오직 더 좋은 쪽을 선택한 말이 있어요.

제자인 안회[*] 가 나라를 다스리는 것에 관해 물었다. 공자가 말했다. "절기 등 천문에 관한 것은 하나라의 것을 쓰고, 수레는 은나라가 타던 것을 타며, 제사 때 쓰는 모자는 주나라의 풍속을 따르고, 궁중음악은 순임금 시절의 것을 쓰는 게 좋을 것이다."(〈위령공〉 10장)[18]

 각각의 것에 대해서 왜 그것을 선택했나요?

샘 공자가 직접 말한 건 없고요, 이런저런 이유 때문이라고 한참 뒤 후대 학자들이 풀이한 게 있어요. 주자의 견해를 알려드릴게요. 공자가 살던 시대인 주나라의 수레는 금과 옥으로 장식을 하여 너무 사치스럽고, 하나라의 수레는 그냥 나무로만 되어 있긴 하지만 너무 작은 게 단점이라는 거예요. 은나라의 수레는 하나라의 수레에서 크기를 키우기만 하고 장식은 하지 않아 튼튼함과 질박함을 두루 갖추어 그 중도中道를 얻었다고 했어요.

범식 시간이 한참 지나면, 기술도 발달하고 수레의 쓸모도 더 있게 되었을 테니까 그에 맞게 수레도 더 크게 만들어야겠지. 하지만 사치스러운 데까지 가선 안 된다는 거야.

---

* '안연'이라고도 부른다.

뭉술 실용이고, 실학인 거지.

캐순 나머지도 알려 주세요.

  "제사 때 주나라 사람들이 쓴 모자"는 덮개도 있고 앞뒤에 술이 달려 있어 화려하기는 하지만, 크지 않고 또 모든 사람에게 다 맞게 하여 낭비와 사치하는 데까진 이르지 않아 중도에 맞는 문화라고 했고요. "절기 등 천문에 관한 것은 하나라의 것"이 농사짓는 데 가장 알맞기 때문이라고 했어요. "순임금 시절의 음악"에 대해선 공자가 직접 "아름다움의 극치이고, 또 의미의 극치에 이른 음악"이라고 말씀하셨고요.

범식 어떤 정신에 바탕을 두고 문물의 변화가 이루어져야 하는지 알겠다.

뭉술 '되살펴보는 것'의 마지막 구절을 쌤께서 "전해 받은 것을 익히지 않았는가?"로 해석할 수도 있지만, "익히지 않은 것을 전했는가?"로 해석할 수도 있다고 하셨는데, 이렇게 해석하면 어떻게 달라질까?

범식 앞엣것이 전통과 나와의 관계인 반면, 뒤엣것은 나와 미래 세대와의 관계이지.

  '전해 준 것'이 내 스스로 터득한 것일 수도 있겠지만, 물려받은 것일 수도 있어. 즉, 물려받은 전통을 미래의 세대에게 전해 주는 맥락까지 확장할 수 있다는 거지.

범식 나를 통하여 지나간 시대와 도래할 시대가 연결된다는 거구나! 멋진 일인데!

뭉술 그건 그런데, 그대로 전하면 되는 거지 굳이 익혀야 할 필요가 있나?

캐순 익숙하게 하지 않으면 상황과 때에 맞는 변주가 불가능해. 앵무새처럼 반복밖에는 할 게 없어. 한마디로 고루한 거지.

범식 "변주가 불가능"하면 창의적일 수 없어. 창의적 작품도 사실은 일종의 변주일 뿐이니까.

⦿ 지금은 과거가 아니고 미래는 더욱이 과거가 아닐 테니까, 과거의 것을 가져와 전한다 하더라도 늘 새로운 상황과 때에 맞추어 변주해서 전해야 한다고 생각해.

뭉술 그럴 때 과거, 현재, 미래가 온전하게 이어지겠지. 이런 사람이 진정한 스승이 아닐까?

⦿ '익힘(데움)'이 스승이 되는 데 필수적이라고 공자가 말한 적이 있어요.

옛것을 따뜻하게 데워서 새롭게 알게 하면, 스승이라 할 수 있다.(〈위정〉 11장)[20]

뭉술 그 유명한 '온고지신溫故知新'에 이어지는 말이 "그래야만 스승이라 할 수 있다"였구나!

범식 그런데 '온溫'은 '온천' 할 때 '온'의 의미인데, 익히다는 글자인 '습習'과 같은 뜻으로 여겨도 되나요?

샘 물론 '습'은 어린 새가 날갯짓을 수없이 반복해서 자유롭게 날 수 있도록 익히는 것이고, '온'은 차갑거나 차갑게 된 것을 물로 따뜻하게 하는 것이므로 물리적으로는 다른 뜻이죠. 하지만 문맥상의 뜻은 같아요. 둘 다 '익혀서' 그 기능을 최대한 발휘하고 또 자유롭게 응용하는 것을 뜻하죠. 공교롭게도 우리말 '익힘'은 긴 시간 동안 따뜻하게 하여 숙성시키는 것과 반복 연습하는 것에 다 쓰죠.

아, 생각났어! 쌤이 고전 〈단단히 읽기〉 시리즈를 쓰시는 까닭을 "옛것을 따뜻하게 데워서 새롭게 알게 하면, 스승이라 할 수 있다"를 들어 말하신 게 생각이 났어. 우리가 지금 고전을 가지고 말나누기를 하는 까닭을 다시 한 번 되새길 겸 그 글을 다시 음미해 보는 것도 좋을 텐데 ······.

뭉술 내가 지금 그 책을 가지고 있어. 읽어 줄게.

　　나는, 어린 학생들의 스승이 되고 싶었다. 무엄하고 주제 파악도 못하는 일인 줄 알면서도, 학생들에게 정신을 낳아 주는 산파가 되고 싶었다. 그것이 내가 이 땅에 몸 받아 태어난 뜻이라 여겨서다. 그때, 공자가 내게 말해 주었다. "스승이 되고 싶은가? 그러면 '온고지신'하라!" 정확히 말하면, "옛것을 따뜻하게 데워, 새롭게 알게 하면 스승이라 할 수 있다(子曰 溫故而知新 可以爲師矣)"고 하셨다.

온·고·지·신, 이 네 글자 중에서 가장 중요한 건 '온溫'이다. '온'은 따뜻하게 데우는 것이다. 여기저기 널려 있긴 하지만, 온기라곤 다 빠져 얼음장처럼 되어 버린 찬밥덩이, 즉 '고故'를 데워 따뜻한 새 밥으로 바꿔 놓는 게 '온'이다. 허기졌으니, 찬밥덩이인 채로라도 '옛것'을 먹으라며 내놓아선 안 된다. 그러면 스승이 아니다. 최소한 공자는 그렇게 생각했다. 스승이 되기는커녕 학생의 몸을 망치는 자가 될 수도 있다. 쫄쫄 굶은 사람이 찬밥을 먹으면 체하고 탈나기 십상 아닌가?

따뜻하게 밥을 데웠으면, 이제 '새로이' 한 상 차려야 할 터! 차갑게 얼어붙은 '옛 밥[故]'을 데워[溫] 김이 모락모락 나는 더운 밥으로 만든 다음, 다른 시대를 살아야 할 학생들에게 '새로운[新]' 상을 차려 그들에게 내어 놓을 줄 '알[知]'고, 그 어린 영혼들이 자라서 다시 그런 밥상을 내어 놓을 마음과 힘을 기를 수 있는 길을 '알[知]고 있는가?'

그래야 스승이다. 이게 공자가 "온고지신하라! 그러면 스승이라 할 수 있다"라고 말한 까닭일 것이다.

캐순 고전과 전통이 새로운 옷을 입고 나타나게 할 책임이 우리
       에게 있는 거야. 그렇지?

뭉술 도도히 흐르는 강물에 우리도 몸을 담그게 된 셈이지.

      고전을 배워, 그것을 바탕으로 새 시대에 맞는 '우리의 고
      전'을 써 내는 사람이라!

      고전과 문화를 제대로 익히지 않아서, 우리를 이을 사람들
      에게 날것인 채로 넘겨주게 되어서는 안 되지. 암, 안 되고
      말고!

범식 역사의 물줄기를 타고 두둥실 떠가야 할 것이, 내가 흘려야
       할 땀을 흘리지 않아 볼품없이 되어 버리면 안 되지!

뭉술 그래서 지금 고전 공부를 이렇게 열심히 하고 있잖아.

* 이양호 지음.《소크라테스는 왜 탈옥하지 않았을까?》, 평사리. 5쪽.

5장

나라를 어떻게 다스리라고요?

공자가 말했다. "한 나라를 다스림은 이래야 한다. 일을 공경히 하여 백성들에게 신임을 얻고, 재물 쓰는 일은 절도에 맞게 해서 백성을 아끼고, 백성들에게 시킬 일이 있거든 적절한 때를 가려서 해야 한다."

子曰, "道千乘之國, 敬事而信, 節用而愛人, 使民以 時."

캐순   4장에서 자신의 발걸음을 하루에도 몇 번씩 되살펴볼 것을
       말하고, 5장에서 한 나라의 다스림으로 이었는데, 둘 사이
       에 무슨 관계가 있을까?

범식   이어받고, 변주하여 놀다가, 뒷사람에게 물려줄 것들이야
       많겠지. 그렇게 물려줄 것들이 있게끔 하는 '바탕'이 나라
       여서 나라 다스리는 언명으로 5장을 이은 게 아닐까?

뭉술   한 나라를 인도해 나가는 것은 그만큼 엄중하구나.

캐순   "일을 공경하라"고 한 구절이 눈에 확 띈다.

범식   '직업 윤리'를 가져야 한다는 소리겠지.

캐순   그보다 훨씬 깊이가 있는 말로 생각돼. 일 자체에 마음을
       온통 쏟을 뿐, 일을 잘해서 얻게 될 돈이니 명성이니 하는
       것들은 덤으로 여기라는 소리가 아닐까?

뭉술   어떻게 해야 '일을 공경한다'고 할 수 있을까?

       작품을 완성하기 위해 작업에 몰두하는 예술가의 모습이
       딱이야.

       일을 작품 만들 듯 하라는 말씀이네. '직업 윤리'보다 멋진
       말이다. 샘! 원문을 알려 주세요.

샘   '경사敬事'입니다.

범식   해월 최시형의 삼경三敬 사상이 떠올랐어. 경천敬天, 경인敬
       人, 경물敬物인데, 그중에 경물과 맥락이 닿을 것 같다.

뭉술 "백성들에게 신임을 얻어야 한다"는 건 이상하지 않니? 반
　　　대로 해야 하는 거 아닌가?

캐순 백성에게 신임을 얻는 게 당연한 거잖아? 백성이 하늘이
　　　고, 통치자는 하늘을 잘 받들어야 하니까.

뭉술 그거야 민주주의 시대에 하는 소리고.

범식 그렇지 않아. '백성이 하늘이다'는 소리는 유학의 근본적
　　　이념인 민본주의야.

 맹자도, 지도자가 되는 길은 백성과 하늘이 그 사람을 받아
　　　들이는가가 관건이라 말했어요.

　　　요임금이 순을 하늘에 천거했을 때 하늘이 순을 받아들였고,
　　백성에게 그를 선보이자 백성들이 그를 받아들였다. …… 그로
　　하여금 일을 주관하게 하여 일이 잘 다스려지고, 백성이 그를 편
　　안하게 여기면, 이게 바로 백성이 그를 받아들인 것이다. …… 그
　　러므로 〈태서〉에서 이렇게 말한 것이다. "하늘은 우리 백성의 눈
　　으로 보고, 하늘은 또 우리 백성의 귀를 통해서 듣는다."(〈만장
　　상〉 5장)

뭉술 한 나라를 다스리려면 백성들에게 신임을 얻어야 한다고
　　　유학자들이 생각한 게 맞구나!

범식   천명을 받는다는 게 백성들에게 신임을 얻는 것이었다니, 놀랍다!

서양의 '왕권신수설'도 동양의 '천명설'과 비슷한가?

범식   동양의 '하늘'에 해당하는 게 서양에선 '신'이니까 큰 차이가 없지 않을까?

뭉술   '왕권신수설'이 뭔데?

왕이 권력을 신으로부터 받았다는 사상이야. 16~17세기에 서양에서 널리 퍼졌던 절대주의의 핵심 내용이지.

캐순   "짐이 국가다."라고 했다는 루이 14세가 그 시대를 대표하는 왕이고.

뭉술   그렇다면 '왕권신수설'은 '천명론'과는 딴판일 것 같은데?

샘   뭉술이 말이 맞아요. 왕권신수설은 왕의 절대적인 권력을 정당화하는 것인데 반해, 천명론은 맹자의 말에서 보았듯이 왕의 의무를 떠올리게 하는 사상이에요. 왕권신수설이 어떤 것인지를 알려 주는 글이 있어요. 1625년 샤르트르의 주교 레오노르 데스탕프(1589~1651)가 이렇게 말했어요.

프랑스의 왕이 불멸의 존재이며 신성한 무언가를 지니고 있음을, 신과 매우 흡사한 무언가를 지니고 있음을 믿지 않는 자는 존재하지 않는다. …… 예언자들이 알려 주었고, 사도들이 확인하고, 순교자들이 고백했듯이 국왕은 신에 의해 세워졌을 뿐 아니라, 그 자신이 신이다.

다른 사람도 아닌 주교가 "국왕은 신에 의해 세워졌을 뿐 아니라, 그 자신이 신이다."라고 했다고요?

샘 옙! 임승휘 교수는 이 말을 인용한 뒤 이렇게 말했어요. "종교 전쟁 이후 등장한 왕권신수설의 절대 왕정은 국왕의 신격화를 추구하면서 왕국을 국왕 개인의 인격으로 표현했다."

뭉술 "짐이 국가다."란 말이 그냥 나온 게 아니었어.

또 다른 사람의 말을 들어 보죠. 루이 14세 때 자크 베니뉴 보쉬에(1627~1704)가 한 말이에요.

모든 권능과 모든 완전성을 내면에 결합시킨 신은, 또한 국왕의 인격과 결합되어 있다. 신은 거룩함 그 자체이며, 선 그 자체, 권능 그 자체이다. 이 모든 것 안에 신의 주권이 있다. 이 모든 것의 표상 안에 군주의 주권이 있다."[†]

---

* 임승휘 지음,《유럽의 절대군주는 어떻게 살았을까?》, 민음인, 2011, 48쪽.

† 임승휘 지음, 위의 책, 49쪽.

샘 　 임승휘 교수는 보쉬에의 말을 인용한 뒤, 덧붙였어요.

　이제 보쉬에는 국왕에게서 신이 부여한 이미지를 떠올리기보다는 신 자체를 상상할 수 있었고, 그 어떠한 주저함도 없이 왕이 '신과 같은' 존재라고 말할 수 있었다. 국왕이 자신도 '인간처럼' 죽을 수밖에 없다는 사실에 대해 불안해 할 것을 걱정한 나머지 보쉬에는 다음과 같이 덧붙인다. "비록 전하께서 사망하신다 해도 전하는 신이십니다."

범식 　 와, 이건 신성 모독 그 자체다!

　 프랑스만이 아니라, 영국에서도 마찬가지였어요. 잉글랜드와 스코틀랜드를 동시에 지배했던 제임스 1세*의 말을 들어 보면 알 수 있어요.

　군주제는 이 세상에서 가장 위대한 제도이다. 국왕은, 하느님이 그러하신 것과 꼭 마찬가지로, 그의 모든 신민臣民들의 삶과 죽음을 좌우할 수 있는 권한을 가지고 있기 때문에, 왕이라기보다는 신이라고 불리는 것이 타당하다. 국왕은 오직 하느님 앞에

---

* 　 스코틀랜드에선 제임스 6세라 불림.

서만 그의 행위에 대해 책임질 뿐이다. 따라서 누구든지 국왕한
테 이래라저래라 간섭하는 것은 죄를 짓는 것이다.

제임스 1세에 따르면, 조선의 선비들은 몽땅 죄인이구만!

범식 왕에게 "이래라저래라 간섭하는" 정도가 아니라, 경연을
열어 왕을 가르치기까지 했으니 그 죄(?)가 하늘을 찔렀다
고 해야겠다.

샘! 유럽 사람들이 모두 왕권신수설을 믿은 건 아니죠?

샘 당연하죠. 이렇게 무지막지한 절대주의를 무너뜨리기 위
해 혼신의 힘을 기울였던 사람들이 있었어요. 바로 '계몽주
의자'들이에요.

캐순 다시 공자님의 말씀으로 돌아가자.

뭉술 한 나라를 다스리는 데 명심할 두 번째는 "재물 쓰는 일은
절도에 맞게 해서 백성을 아끼라"는 거였어. 지당한 일이지.

캐순 지당한데, 잘 지켜진 경우는 드물지.

범식 재물은 하늘과 땅의 도움을 받아 백성이 마련한 것인데, 쓰
는 사람과 만든 사람이 따로라서 특별한 마음이 있지 않고
는 헤프게 쓰기가 십상이니까.

---

* 수잔 와이즈 바우어 지음, 최수민 옮김, 《세계역사이야기3》, 이론과 실천, 2004, 51~52쪽.

"재물은 하늘과 땅의 도움을 받아, 백성이 마련한 것"이라는 말을 듣고 보니까, 공자님의 말씀이 생태학 관점에서도 의미가 깊네.

뭉술 맞아. 현대는 "하늘과 땅의 도움을 받아" 재물이 생겨난다는 관점을 잃어 버렸어.

범식 꼭 써야 하는데도 쓰지 않는 것 역시 문제야. 복지 분야에 국가 예산을 충분히 책정하는 것도 그중 하나이겠지. 복지 국가가 아니면 공동체가 건강해지기는 어렵다는 생각이거든. '빈부 격차가 큰 건강한 공동체'는 '세모로 된 원'만큼이나 모순이니까!

캐순 "절도에 맞게" 쓰라는 건, 예산을 투입해야 할 곳에 제대로 투입하라는 의미이기도 하지.

뭉술 "백성들에게 시킬 일이 있거든 적절한 때를 가려서 해야 한다."고 했는데, 언제가 적절하다는 거지?

범식 농사철을 피하라는 말이야.

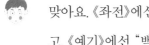 맞아요. 《좌전》에선 "농사철과 겨울은 피해야 한다."고 했고, 《예기》에선 "백성의 노동력을 쓰는 것은 한 해에 사흘을 넘지 못 한다."고 했어요.

6장

어짊과 친할까요?
배움과 친할까요?

공자가 말했다. "제자들아! 들어가면 효도하고, 나오면 공손하며, 행실은 삼가하고, 말은 성실하게 하며, 널리 사람들을 사랑하여 어짊을 친족으로 삼아라. 그러고서 힘이 남으면, 글을 배워야 한다."

子曰, "弟子, 入則孝, 出則悌, 謹而信, 汎愛衆, 而親
仁. 行有餘力, 則以學文."

---

* 일반적으로 '널리 사람들을 사랑하고, 어진 사람과 친하게 지내어라'라고 해석한다. 하지만 '친인親仁'을 글자 그대로 해석하면 '어짊을 친으로 가져라' 또는 '어짊과 친해라'가 되고, 2장에서 '효'는 어짊을 실천하는 기본(근본)이라 하였기에, '효도하고, 공손하고, 삼가하고, 성실하게 하고, 널리 사람들을 사랑하는' 것이 모두 '친인'으로 수렴하는 것으로 풀이하는 게 더 낫다고 생각한다.

뭉술 공자님이 '글을 배우는 것'은 "힘이 남으면" 하라니 하셨다
니, 의외다.

캐순 글은 안 배워도 된다가 아니라, 더 중요하고 긴급한 배움이
있다는 거지.

범식 '어짊을 친족으로 삼는 것'이 배움의 푯대임을 강조하셨던
걸로 봐.

       1장 '배우고 때에 맞춰 익혀야 할 것'의 큰 기둥이 '어짊'이
       고 '어짊을 실천하는 기본(근본)은 효성스러움과 우애·공손
       함'이라는 것을 2장에서 봤어. 이번 장에서 좀 더 자세히,
       그리고 확실하게 말씀한 거라는 생각이야.

뭉술 삶의 목표는 '어진 사람'이 되는 것! 그런 사람이 되려면
'효도하며 공손하고, 삼가고 성실하며, 널리 사람들을 사랑
해야 한다'고 말씀했다는 거지?

캐순 그렇지. 또 하나 '글을 배우는 삶'도 말씀했어.

범식 어진 사람인데다 글까지 빼어나면, 참으로 아름답지! 금상
첨화로구나~

       '친인親仁'하고 '학문學文'하는 삶을 줄이면, '친인학문親仁學
       文'이 돼. 내가 어린(?) 백성들을 위해 만든 사자성어니까,
       쉽게 익혀 잘 쓰도록 하여라!

캐순 '친인학문'이라. 그 또한 멋지다.

샘   '친인학문!' 아름다운 말이네요. 이 말과 완전히 똑같지는 않지만, 비슷한 맥락에 있는 말을 공자님이 직접 하셨어요.

　　공자가 말했다. "질박한 바탕이 글솜씨를 눌러 버리면 촌놈이고, 글솜씨가 질박한 바탕을 눌러 버리면 관청서기다. 질박한 바탕과 글솜씨가 아울러 빛나는 사람, 그가 군자다."(〈옹야〉 16장)

뭉술   "질박한 바탕"이 사람의 본바탕인 '어짊'에 해당할 테니까 딱 '친인학문'을 말씀한 거네.

범식   여기서는 '본바탕'과 '글솜씨'를 대등하게 보셨어.

캐순   둘 중에 택한다면 어느 쪽을 고르셨을까?

뭉술   당연히 사람의 본바탕인 '어짊'을 치켜드셨겠지.

샘   그것 역시 말씀한 게 있어요. 앞에서 살폈는데, 뭘까 곰곰이 생각해 보세요.

　 "회사후소繪事後素"가 우리가 논의하는 것에 딱 맞는 구절이겠다.

뭉술   나도 동감! 그런데 정확히 어떤 말이었지?

캐순   좋아 내가 읽어 줄게.

　　자하가 물었다. "'예쁜 웃음에 보조개, 아름다운 눈에 또렷한 눈동자, 하얀 바탕에 그림을 이루었구나'란 시가 있는데 무슨 뜻인지 잘 모르겠습니다." 공자가 대답했다. "그림 그리는 일은, 그림을 그릴 수 있는 밑바탕을 잘 준비한 뒤의 일이라는 말이지." "아, 예가 나중이라는 소리이군요!" 공자가 말했다. "나를 일으켜 세우는 사람은 상(자하의 이름)이로다. 너와 이제 시를 갖고 말할 수 있겠구나."(〈팔일〉 8장)

 인격이 제대로 갖추어지지 않고서도 제대로 된 글쓰기가 가능할지 의문이에요. 플라톤은 연설문과 글에 대해 이야기하면서 소크라테스의 입을 빌려 '진정한 글쓰기'란 무엇인지를 이렇게 밝혔거든요.

[본이 되는 사람은] '써 놓은 말'에는 깊은 의미가 없다고 여기는 사람, 문제를 제기하거나 가르치는 것이 없이 그냥 '믿음만 심겠다는 의도'로 인용한 글은 가치가 없다고 여기는 사람, 그런 글쓰기에 따라 이루어진 것은 최고의 작품이라도 고작 '이미 아는 걸 회상할 뿐'이라고 여기는 사람, 교육을 위해 정의·선·고귀성의 원리에 따라 직접 '말'로 가르치고 소통하되 글쓰기의 참된

---

* 소크라테스는 글은 간접적이어서 직접 말로 하는 것보다 가치가 현저히 떨어진다고 생각했다.

방법인 듣는 사람의 '영혼에 새겨지는 글쓰기'에만 명석함과 완전함과 진지함이 있다고 여기는 사람이어야 하지 않겠는가? 그래서 첫째로는 그의 '가슴속에서 찾아낸 말'을 쓰고 둘째로는 그런 말들과 형제, 피붙이, 친족 관계에 있는 말들로만 글을 쓰는 사람! 그런 사람이야말로, 파이드로스, 그대와 내가 좋아하고 그처럼 되기를 바라는, 본이 되는 사람이 아니겠는가.[3]

뭉술 글이나 글쓰기가 아니라, 사람만 잔뜩 늘어놓고 있잖아요?
샘   왜 플라톤은 연설문과 글에 대해 얘기한다면서 사람을 얘기하고 있을까요?

제대로 된 사람만이 제대로 된 연설문과 글을 쓸 수 있다고 말하는 게 아닐까?

인용한 글에 대해 이왕주 교수님이 풀이한 말이 있으니까 그것을 읽어 드릴게요.

여기서 플라톤이 무엇what으로 답하지 않고 누구who로 답한다는 것, 이것이 중요하다. 플라톤에 따르면 진정한 글쓰기를 정의하는 바른 방법은 그 속성을 열거하는 것이 아니라 그 작가를 지칭하는 것이다. 가령 인용문에 나타난 명석함, 완전함, 진지함은 참된 방법을 알고 있는 작가의 속성이지, 그런 속성이 진정한 글쓰기를 이루는 게 아니다. 요컨대 제대로 된 사람만이 제대로 된 글을 쓸 수 있다는 것이며, 이 명제는 그 역을 함축하지 않는다. 어쩌다 제대로 쓴 한 편의 글이 그를 제대로 된 사람으로 만들어 주지 않는다는 것이다. 아리스토텔레스의 표현을 빌자면 '한 마리의 제비가 봄을 만들지 않고, 한 날의 무더움이 여름을 만들지 않듯'이 한 번 쓴 감동적인 글쓰기가 그 작가를 진정한 작가로 만들어 주지는 않는다. 글쓰기에 대한 플라톤의 사유가 얼핏 작가론의 외관을 띠게 되는 것은 이런 논리 때문이다.

범식   그런 작가가 누가 있지?

  플라톤은 호메로스와 솔론을 들었어요. 다만 조건이 있어요.

그들에 대해 우리는 다음처럼 말할 수 있다. 그들이 진실한 지식에 기반해서 글을 쓰고, 시험에 처할 때 자신의 글을 '말'로 방어하거나 증명할 수 있으며, '그 말'이 그들의 글보다 뛰어나다면, 그들은 시인·연설가·입법자로 불리지 않고, 더 높은 명칭 즉 '인생의 진정한 추구에 걸맞은 사람'이 받을 명칭으로 불릴 가치가 있다.[4]

*   이왕주 지음,《상처의 인문학》, 다음생각, 2014, 74쪽.

뭉술 "인생의 진정한 추구에 걸맞은 사람이 받을 명칭"은 무엇
이지?

샘 플라톤은 그런 사람은 "지혜를 사랑하는 사람"으로 불려야
한다고 했어요.

캐순 그런 사람만이 제대로 된 글을 쓸 수 있다는 거죠?

샘 옙!

7장

어진 사람을
아름다운 연인 좋아하듯
하라고요?

제자인 자하가 말했다. "현자賢者를 현자로, 즉 어진 이를 어진 이로 여기되 색色이 일어나는 마음과 바꾸어서 그리하고, 어버이 섬김에 온 힘을 다하며, 임금을 섬김에 그 몸을 바치고, 벗과 더불어 사귐에 그 말에 미더움이 있다면, 그가 비록 글을 배우지 않았다 하더라도, 나는 반드시 그가 배웠노라고 말하리라."

子夏曰, "賢賢易色, 事父母, 能竭其力, 事君, 能致
자하왈 현현역색 사부모 능갈기력 사군 능치
其身, 與朋友交, 言而有信. 雖曰未學, 吾必謂之學
기신 여붕우교 언이유신 수왈미학 오필위지학
矣."
의

캐순 '색色이 일어나는 마음을 바꾸어서, 어진 이를 어진 이로 여겨야 한다!' 곰곰이 캐물을 게 많다는 생각이 든다.

뭉술 우선 공자님도 색욕을 인간에게서 일어나는 강렬하고 즉각적인 감정으로 여겼다는 점!

(얼굴) 반면에 '어진 이를 어진 이로 여기기'는 그리 강렬하고 즉각적인 감정이 아니라고 여기지만, '어진 이를 어진 이로 여기는 마음'이 '색이 일어나는 마음'을 밀어내고 그 자리를 차지해야 한다고 여겼다는 점.

캐순 '어짊'이 '색'보다 더 중요하다고 여긴 점, 그 까닭은 뭘까?

뭉술 색욕은 이기적이잖아? 어짊은 두루 통하는 거고.

(얼굴) 극단적으로 말해서 색에 대한 욕망이 없으면 인류가 사라져 버릴 텐데?

뭉술 공자가 정상적인 사랑의 감정까지 문제 삼은 것은 아니라고 봐. 그랬다면 결혼을 반대했을 테니까.

범식 '관혼상제'를 인간의 삶에서 큰 마디가 이루어지는 때라고 여길 정도로, 유학은 혼인을 무척 중하게 여기지.

샘 유학자들은 혼례를 전우주적인 덕성의 실현이라고 봤어요.《태극도설》에 이렇게 나오거든요.

---

* 북송의 학자 주돈이가 도가와 유가 학설을 종합하여 지은 글이다. 글자 수가 249자에 지나지 않지만 우주의 생성과 인류의 근원을 잘 응축해, 주자와 퇴계 등 후대 학자들에게 절대적인 영향을 미쳤다. 퇴계가 선조에게 올린《성학십도》의 첫 번째도 이 글이다.

하늘의 도가 남성성을 이루고, 땅의 도가 여성성을 이루었다.
두 기운이 깊게 감응하여, 만물을 탄생시켰다. 만물이 태어나고
또 태어나니, 변화의 세계가 무궁하도다!

뭉술   남녀의 사랑이 문제가 아니라, 과도하게 에로스에 빠지는
게 문제지.

캐순   좋아, 뭔가 다른 게 있는 느낌이 남지만 우선은 인정! 아무
튼, '어진 이'를 아름다운 여인 좋아하듯 하는 세상은 아름
답겠네.

뭉술   몇 사람이야 그럴 수 있지만, 한 나라나 온 세상이 그럴 수
는 없지.

공자님도 그 정도까진 바라지 않고, 몇 사람이라도 그러길
바랐어요. 그런데 그런 사람을 찾을 수 없었어요. 다음처럼
한탄했거든요.

공자가 말했다. "끝났구나! 색을 좋아하는 것만큼 덕을 좋아하
는 사람을 내 지금껏 보지 못했으니!"(〈위령공〉 12장)

캐순   봐, 내 말이 맞지. 여기서 '색'은 에로스에 '과도하게 빠짐'
을 가리키는 게 아니야. 그냥 에로스 감정을 가리킬 뿐이

야. 에로스에 '과도'하게 빠지지 않은 사람을 만나기가 어렵다는 건 좀 말이 안 되거든.

뭉술　에로스의 감정이 즉각적이고 강렬하기는 하지.

범식　'어진 이를 어진 이로 여기는 것'이 어버이나 임금을 섬기는 것보다 더 먼저 나온 데는 까닭이 있지 않을까?

뭉술　중요한 순서는 아닌 것 같아. 어진 사람이 임금이나 친구보다, 심지어는 어버이보다도 더 중요하다고는 할 수 없잖아?

어버이, 임금, 벗은 중요한 순서대로 말한 게 틀림없어. '어진 이'만 달리 말했다는 게 이상하잖아?

'어진 이'를 특정한 '사람'에 초점을 맞추지 않고 '어짊'에 초점을 맞추면, 중요한 순서대로라고도 볼 수 있지 않을까?

뭉술　어짊, 어짊 하는데, 도대체 '어짊'이 무엇이기에 중요하게 말하는 거지?

범식　'어짊'은 기독교의 사랑이나 불교의 자비심에 빗대지니까, 사람이면 꼭 가지고 있어야 할 것이 '어짊'이지 않을까?

뭉술　그것이 사람의 본질이라는 거지?

범식　샘! 공자가 '어짊'이 인간의 '본질'이고 '본성'이라고 말한 구절은 없나요?

샘　정확히 그렇게 말씀하진 않았지만, 그런 취지로 여길 만하게 말씀한 건 있어요.

　　공자가 말했다. "'어짊'은 나에게서 멀리 있는가? 내가 어질고자 하면 당장 '어짊'이 이른다."(〈술이〉 29장)

범식　"내가 어질고자 하면 당장 '어짊'이 이른다."는 것은 어짊이 내 밖에 있다는 소리잖아요?

물론 '이른다'는 말에 주목하면 그렇게 여길 수 있어요. 하지만 '당장'에 주목하면 '어짊'이 자기에게 본래 갖추어져 있다는 것을 알 수 있죠. 주자도 이 구절에 대한 풀이를 그렇게 했어요. "어짊이란 마음의 덕성이니 내 밖에 있는 것이 아니다. 그 마음을 놔 버리고 찾으려고 하지 않으니, 내 밖에 있는 것처럼 여겨지는 것이다. 돌이켜서 그 마음을 찾으면 즉시 여기에 있으니 어찌 멀리 있겠는가?" 공자가 '어짊은 사람의 본성'이라고 여겼다는 것은 '어짊'을 예악禮樂보다 더 근본적이라 여겼다는 데서도 알 수 있어요. '어짊을 사람의 본성'이라고 여기지 않은 유학자는 찾기가 무척 어려울 정도예요.

공자가 말했다. "사람으로서 어질지 못하면 예가 다 뭐며, 사람으로서 어질지 못하면 악이 다 무엇이리오."(〈팔일〉 3장)

 '예악'은 유학에서 정말 중요한데, 어질지 못하면 그게 다 소용없다는 거잖아?

캐순 소용없는 정도가 아니라, 아예 '예악'이 성립하지 않는다고 말씀하는데?

샘 다산 정약용 선생도 그렇게 여기셨어요. "어짊은 바탕이고, 예악은 그 바탕 위에 그리는 그림(무늬)이다."라고 했거든요.

범식 샘! 맹자는 어짊을 인간의 '본성'과 관련해서 어떻게 여겼나요?

 그것을 유추해 볼 구절을 소개할 테니 여러분 스스로 판단하세요.

맹자가 말했다. "인의예지仁義禮智는 밖으로부터 내 안으로 뚫고 들어온 게 아니다. 내가 본래부터 가지고 있던 것이다."(〈고자 상〉 6장)

맹자가 말했다. "하늘이 부여한 지위도 있고, 사람이 준 지위도 있다. 인의충신仁義忠信과 선함을 좋아하고 그것에 싫증을 느끼지 않는 성품이 바로 하늘이 부여한 지위다.”(〈고자 상〉 16장)

맹자가 말했다. “어짊은 사람의 마음이요, 의로움은 사람의 길이다.”(〈고자 상〉 11장)

뭉술   맹자 역시 어짊이 사람의 본성이라고 했네.

샘! 갑자기 헷갈려요. 현자賢者가 어진 사람이잖아요? '어짊'이 인간의 본질이라면, 성인聖人은 현자보다 못한 사람이 되는 게 아닌가요?

샘   '현賢'을 '어질 현'이라 하고, '인仁'을 '어질 인'이라고 뜻풀이하여 두 글자가 같은 뜻인 것처럼 여겨지는 데서 발생한 오해예요. 퇴계가 《성학십도》 중 〈서명도〉에서 말한 게 있어요. 하늘땅의 어짊과 '합치한 사람'은 성인이고, 그 정도에는 미치지 못했지만 '일반 사람들 중'에서 어짊을 빼어나게 간직한 사람은 현자라고 했어요.

캐순   성인이 진정 어진 사람이고, 현자는 어질기는 하지만 충분한 상태는 아니라고 보면 되겠네.

범식   '어짊'이 사람의 본성이라면, "어진 이를 어진 이로 여긴다"는 것은 자기 자신의 본성을 자기 자신의 본성으로 여긴다는 소리겠다.

뭉술   그렇지. 그렇게 생각하니까, 그것 뒤에 어버이, 임금, 벗이 순서대로 나오는 게 당연하네.

🧑   벗이나 임금은 물론이고 어버이보다도 사람의 보편성이 앞에 있는 세상은 참으로 평화롭고 아름다울 텐데.

범식   이런 세상을 배움이 없는 세상이라고 할 순 없지. 이 아름다운 세상을 만들어 가는 사람도, 이 평화로운 세상에 사는 사람도 배움이 있다고 해야 옳겠지. 배움이 진정 인간을 위한 것이라면!

뭉술   이런 세상, 이런 사람은 어떻게 생겨날까? 그저 생겨나진 않을 텐데.

8장

고루하지 않으려면
뭘 배워야 하나요?

공자가 말했다. "군자가 되려고 하면서 중후하지 않으면 권위가 없다. 배우면 고루하지 않게 될 것이다. 충신忠信 즉 진실한 마음과 미더움을 줏대로 삼되, 나와 같은 길을 걷는 사람이 아니면 벗 삼지 말고, 잘못을 하였거든 두려워하지 말고 고쳐라."

子曰, "君子不重則不威, 學則不固. 主忠信. 無友不如己者. 過則勿憚, 改."

샘 　먼저 번역한 문장에 대해 말할 게 있어요. 샘이 "배우면 고루하지 않게 될 것이다."로 번역한 문구를 보통 '배우더라도 견고하지 않을 것이다'로 해석해요. 하지만 세 가지 이유 때문에 달리 번역을 했어요. 첫째, 《논어》에 나온 '고固'가 술어일 때는 모두 '고루하다'는 뜻으로만 쓰였다는 점이에요. 다음이 그거예요. "감히 말재간을 부리려는 것이 아니라, 고루함을 미워하는 것뿐이다."(〈헌문〉 34장) "불손하기보다는 차라리 고루한 편이 더 낫다."(〈술이〉 35장) "공자에겐 네 가지가 없었다. 자의적인 게 없었고, 반드시 그래야 한다는 것도 없었고, 고루함도 없었고, 아집도 없었다."(〈자한〉 4장) 이 문장 외에서 '고固'는 '정말로'라는 부사로 사용되었을 뿐이에요. 둘째, 앞 문장 "중후하지 않으면 권위가 없다."의 문장 구성과 관련해서도 '병렬 관계'로 보아 "배우면 고루하지 않게 될 것이다."로 해석하는 게 더 나아요. 원문이 "부중즉불위不重則不威, 학즉불고學則不固"로 되어 있거든요. 셋째, 공안국과 형병이라는 사람도 그렇게 해석했어요.

바로 앞장에서 '아름다운 세상을 만들어 가는 사람'이 나왔고, 이번 장에선 '군자가 되려는 사람'이 나왔어. 두 부류의 관계는 뭘까?

범식   같은 사람이 아닐까? 그런 세상을 만들어 가는 사람이 바
       로 군자라는 거지.

뭉술   "중후하지 않으면 권위가 없다."라는 말 다음에 "배우면 고
       루하지 않게 될 것이다."를 말씀하신 까닭은 뭘까?

캐순   고루하게 폼 잡는 걸 중후한 것으로 착각하지 말라는 게 아
       닐까? 그건 고루함일 뿐이라는 말씀!

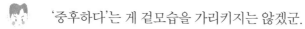   '중후하다'는 게 겉모습을 가리키지는 않겠군.

범식   그 사람에게서 풍기는 분위기 아닐까? '중후한 덕' 같은 거
       말이야.

뭉술 '중후한 덕'을 갖추지 않은 사람에게서 권위를 느낄 수는 없지.

캐순 고루하지 않고 중후한 덕을 갖춘 사람이 되려면 어떻게 해야 할까?

뭉술 배워야 한다고 말씀했잖아.

캐순 무엇을 배워?

공자님은 '무엇'을 배워야 하는가를 말씀하지 않고, '어떻게' 배워야 하는가를 말씀했어. 세 가지를 명심하라는 말씀. 무엇보다도 "충신忠信 즉 진실한 마음과 미더움을 줏대로 삼아라."라고 하셨어.

뭉술 "진실한 마음"이 먼저 갖추어지지 않으면 진정한 배움이 이루어지지 않을 테니까, 이게 맨 먼저 나오는 게 당연하겠다.

물론. 하지만 배움이 자신 속에 고립되자는 게 아니니까 외적인 관계 역시 중요해. 다른 사람과 존재들에게 '미더운 사람'이 될 때 비로소 '배웠다'고 하겠지.

뭉술 그래서 "충신" 즉 진실한 마음과 미더움이 한 짝으로 나왔잖니!

샘 《논어》에는 짝으로 나온 말이 거의 없어요. 심지어 인의조차도 짝으로 나오지 않았어요. "충신"은 네 번이나 짝을 지어 나왔어요. 그만큼 '충'과 '신'이 긴밀하게 엮여 있다는 소리일 겁니다.

범식 　배우는 방법으로 두 번째는 "나와 같은 길을 걷는 사람이 아니면 벗 삼지 않는" 길을 알려 주셨어.

샘 　이 구절 번역도 문자 그대로 해석하면 '나와 같지 않은 사람'인데, 샘이 조금 의역했어요. 그런데 이 문장을 보통 "나보다 못한 이와는 벗하지 말라."로 해석해요. 두 번역을 놓고 말을 나눠 보도록 하죠.

"나보다 못한 이와는 벗하지 말라."를 문자 그대로 충실히 따른다면, 이 세상에 친구 관계는 있을 수 없어!

범식 　그렇지. 나보다 낫다고 여겨서 내가 벗을 하고 싶은 사람은 있겠지. 하지만 나보다 더 잘난 그 사람은 자기보다 못한 나와는 벗하려 하지 않을 테니까.

모순이네. 그런데 "나와 같은 길을 걷는 사람이 아니면 벗 삼지 말라."라는 말씀은 너무 편협하지 않니?

캐순 　먼저 여기 나온 '나'가 걷는 길이 '어떤' 길인가를 살펴볼 필요가 있어.

범식 　그는 '군자가 되는 길'을 걷는 사람이지. 그와는 다른 길을 걷는 사람은 어떤 길을 걷는 사람일까?

뭉술 　아, 그 사람은 소인의 길을 가는 사람이겠다! 그런 사람과 벗이 되면 안 되지.

 공자님께서 함께 걷는 길에 관해서 의미가 분명하게 드러나는 말씀을 하신 적이 있어요.

> 공자가 말했다. "도가 같지 않으면 서로 도모하지 않는다."(〈위령공〉 39장)

뭉술 군자가 소인과 함께하지 않을 뿐만 아니라, 소인도 군자와 함께하지 않는다는 말씀이잖아.

범식 소인이 군자를 벗으로 두고 있다면 허구한 날 친구한테 비판만 받을 텐데, 그런 사람을 친구로 두려고 하겠어?

 배움의 길에서 명심해야 할 세 번째 지침으로, "잘못을 하였거든 두려워하지 말고 고쳐라."라는 말씀을 해 주셨지.

범식 군자가 되는 길에 어찌 잘못이 없겠어. 문제는 고치는 거겠지.

뭉술 그래. 살면서 여러 잘못을 범하는 게 사람이지. 공자님이 인간적이라는 생각이 든다.

캐순 그렇다고 변명거리로 삼아선 안 된다고 생각해. 그건 그렇고 윗글은 조금 더 깊은 차원에서 말씀한 게 아닐까? 군자가 되겠다고 결심하고서 열심히 사는데 잘못하는 일이 자주 생기면, 그 사람이 어떻게 될까? 좌절하고, 작파하지 않을까?

범식   잘못할 때마다 좌절하지 말고 잘못을 고치기만 하면 된다고 용기를 북돋는 말씀이라는 거지?

캐순   바로 그거야. 힘든 길을 가는 데는 좌절하지 않는 용기가 필요하거든.

 여러분의 말을 듣고 생각해 보니, 공자 제자 중에 제대로 길을 가지 못할까 두려워 미리 작파한 사람이 있었어요. 길을 가다 쓰러져도 다시 일어나 계속 '그 길'을 갈 수 있는 용기를 갖는 게 중요하다는 생각이 드네요.

염구가 말했다. "선생님께서 보여 주신 길을 기쁘게 여기지 않는 것은 아니지만, 저에겐 그 길을 걸을 힘이 부족합니다." 공자가 말했다. "힘이 부족한 사람은 길을 가다가 고꾸라지는 것이다. 지금 너는 미리부터 선을 긋고 있구나."(〈옹야〉 10장)

뭉술   가는 데까지 가다가 거꾸러지면 일어나서 또 걸어갈 힘이 생길 거야.

시인 박노해의 시 중에 〈길이 끝나면〉이 있는데, 네 말에 딱 맞는 시라는 생각이 든다.

길이 끝나면 거기
새로운 길이 열린다

한쪽 문이 닫히면 거기
다른 쪽 문이 열린다

겨울이 깊으면 거기
새 봄이 걸어나온다

내가 무너지면 거기
더 큰 내가 일어선다

최선의 끝이 참된 시작이다
정직한 절망이 희망의 시작이다

* 박노해, 《그러니 그대 사라지지 말아라》, 느린걸음, 2010.

9장

두터운 덕을
느낄 만한 자리가
있다고요?

증자가 말했다. "장례를 삼가 치르고, 돌아가신 지 오래
된 조상을 추모하면, 사람들의 덕이 중후하게 두터워질
것이다."

曾子曰, "愼終追遠, 民德歸厚矣."
증자왈   신종추원   민덕귀후의

캐순   덕이 중후하다는 게 뭐지?

뭉술   그냥 사람 좋은 걸 가리키는 거 아냐?

범식   샘! 중후한 덕의 깊은 의미를 말씀해 주시죠.

 《주역》에 따르면, 후덕厚德(두터운 덕)을 전형적으로 보여 주는 게 땅, 즉 곤坤이에요. 《주역》〈곤괘〉에서 풀어놓은 후덕한 덕성은 이래요.

　지극하도다. 곤의 으뜸됨이여! 만물이 이것에 의지하여 생겨나니, 순하게 하늘을 이어 받드는구나. 곤은 두텁게 사물을 실어 덕이 끝없는 데에 합하였도다. 넓게 포용하여 크게 만물을 빛나게 하니 모든 사물이 다 형통하도다.(《주역》〈곤괘〉)

뭉술   만물을 길러 내는 덕이 '곤괘'에 나온 중후함이구나! '중후한 덕'에 정말 깊은 뜻이 있었어.

범식   앞 장에서 '중후하지 않으면 권위가 생기지 않는다'고 했는데, 이번 장에서 중후하게 되는 방법이 나왔어.

상례와 제사가 사람을 후덕하게 한다는 데 언뜻 이해가 가지 않지만, 놀랍다.

뭉술   후덕한 사람이 되는 데도 계기가 있을 텐데, 어떤 상황이 사람을 그리 만들까?

캐순   우선 자신이 덕을 도탑게 받았다는 게 짜릿하게 느껴질 때
        덕을 베푸는 자로 거듭나지 않을까?

🧑   조상을 추모하는 자리는 나를 생기게 하고 키운 '생명의 유
        장함'을 느끼는 자리야. 그 많은 생명들이 떠받치고 밀어
        올려서 내 생명이 여기 이렇게 우뚝 솟아 있다는 깨침을 가
        능케 하는 자리지. 내가 '두터운 덕'을 이 이상 사무치게 느
        끼는 때가 또 있을까?

뭉술   제삿날이 그런 날이었다니!

샘   제사에 관한 깊은 깨침, 고맙고 좋네요. 그런데, 아세요? 제
        사는 흉례凶禮가 아니라 '길례吉禮'라는 것! 제사가 범식이
        말처럼 의미가 있어서 '길례'로 여겼을 듯하네요.

캐순   제사가 '길례', 그러니까 기쁜 예식이라고요? 복을 받는 자
        리라고 여긴 걸까요?

샘   아니요. 제사를 지내는 일은 복을 빌기 위해서가 아니에요.
        유학자들은 복을 비는 걸, 자기 몫이 아닌 것을 요구한다고
        하여 정의롭지 못한 짓으로 여겼어요. 제사 때 무슨 말을
        하는지를 단적으로 알려 주는 글이 있는데,《시경》〈주송〉
        의 "명당에서 문왕을 제사 지내며 지은 송가"가 그거예요.

        저 여기 희생 제물을 가져왔습니다. 양과 소 한 마리를 …… 하

늘이시여, 받아 주소서. 나는, 문왕 임금님을 본받아 언제나 왕국을 반석 위에 올려놓도록 노력하겠습니다. 문왕이시여, 이제 내려오셔서 제가 바치는 희생을 받으소서. 저 이제 앞으로도, 낮이건 밤이건 하늘의 위엄을 두려워하여, 길이길이 그 뜻을 존중하겠습니다.

뭉술 제삿날 하는 것은 열심히 살겠다는 자기 '다짐'이지, 결코 복을 비는 게 아니네.

범식 샘! 길이길이 받들고 존중할 뜻은 무엇을 말하죠?

 우선은 문왕이 품고 실천했던 뜻과 사업을 말하겠지만, 거기에서 그치지 않아요. 문왕이 품었던 뜻이 우주를 본받아 아름다운 인문 세계를 피워 내는 것이니까, 제사를 지내는 사람이 길이 받들겠다는 것은 결국 '아름다운 인문 세계를 꽃피워 내자'이죠. 한형조 교수도 그렇게 여겨서, 윗글에 풀이를 이렇게 달았어요. "지금 무엇을 존중한다고 했을까? 우주적 책임이 그것이다. 그것을 다른 말로 천명이니, 태극이니, 리理라고도 한다."

* 한형조, 《성학십도, 자기 구원의 가이드맵》, 한국학중앙연구원, 2018, 148쪽.

캐순 제사에서 돌아가신 분을 추모하고, 자기 다짐도 했으니 흉
례가 아니라 '길례'인 게 맞네.

범식 사실 제삿자리만큼 우리에게 근원적 배움인 경건함을 집
중해서 선사하는 자리도 찾기 쉽지 않아. 참된 예배보다 사
람에게 더 근원적인 배움을 주는 행위가 또 있을까?

캐순 예배에서 이루어지는 몸가짐과 마음가짐이 제사에서 이루
어졌으니까!

뭉술 요즘 경건함을 느끼는 자리가 별로 없어. 서구 문명이 그런
자리를 강탈했지. 예배도 제사도 본래 의미를 거의 상실해
간다는 생각을 지울 수 없어.

경건함이 있고, 생명의 유장함에 대한 깨달음이 있고, 내
생명이 도타운 은덕을 입어 여기 서 있다는 깨달음을 얻는
제사는 분명 인간을 후덕하게 했을 거야.

뭉술 제사는 알겠는데 장례가 삶을 후덕하게 한다는 소리는 또
뭘까?

죽음은 생명의 유일무이함을 까무러치게 느끼는 자리야.
막 죽은 생명뿐만이 아니라 아직 생명이 붙어 있는 자들에
게서도 유일무이함이 느껴지지. 죽음을 진정으로 느끼는
사람이라면!

뭉술 그런 사람이라면 후덕한 사람이 되지 않을 수 없지.

범식   죽음 앞에서 '정말로' 삼기는 마음일 때, 그렇겠지.

뭉술   샘! 그래도 장례는 흉례겠죠?

샘   당장에 밀어닥친 한 생명의 죽음인데, 비통한 흉례가 아닐

       수 없죠.

10장

공자님의 정치 참여는
뭐가 달라요?

자금이 자공에게 물었다. "선생님(공자)께서는 찾아간 나라에 이르시면 반드시 그 정사政事를 들으시는데, 선생님께서 듣기를 바라서 그러시나요? 아니면 책임자가 선생님을 청해 들려주시는 건가요?" 자공이 말했다. "선생님께서는 온화하고 어질고 공손하고 자신을 단속하시는 분이지요. 비록 겸양하였으나, 종국에는 그 정사를 듣고 관여하게 된 것입니다. 그러니 선생님께서 그렇게 되기를 바라서 생긴 일이지만, 다른 사람들이 정치에 참여하기를 요구해서 그렇게 된 것과는 완전히 딴판일 것입니다."

子禽問於子貢曰, "夫子至於是邦也, 必聞其政, 求之
與? 抑與之與?" 子貢曰, "夫子溫良恭儉讓以得之.
夫子之求之也, 其諸異乎人之求之與?"

*   다산 정약용의 《논어고금주》를 따랐다.

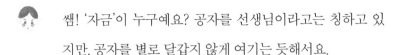

쌤! '자금'이 누구예요? 공자를 선생님이라고는 칭하고 있지만, 공자를 별로 달갑지 않게 여기는 듯해서요.

샘   확실하진 않아요. 다만 한나라 유학자인 정현이 공자의 제자 '진항'이라고 해서 대체로 자금을 진항으로 여겨요.

캐순   공자를 달갑지 않게 보는 사람이 제자라니 의외인데요. 자금은 공자가 정치에 관여하는 걸 요즘 말로 정상배, 정치 낭인처럼 봤다는 생각이 들지 않니?

한 자리 차지하려고 정치판에 기웃거리는 사람들이 하도 많은데, 공자도 그 축에 꼈다고 제자인 자금이 실망하는 듯하구만.

범식   정치에 기웃거린 사람을 '유세객'이라 했지. 부국강병을 해주겠다고 군주를 꼬드겨서 성공하면 재상 자리까지도 차지했던 사람들이야. 소진과 장의, 이사가 대표적인데, 비록 성공했어도 다들 말년은 그다지 좋지 않았어.

샘   그래요. 춘추 전국 시대에는 유세객이 널렸지요. 맹자는 이런 유세객, 이른바 정상배들을 아주 신랄하게 비판했어요.

맹자가 말했다. "요즘 임금을 섬긴다는 자들은 이렇게 말한다.

---

* 맹자가 살았던 전국 시대 유세객에 대해서는 《맹자씨, 정의가 이익이라고요?》, 255~266쪽에서 자세히 다루었다.

'나는 임금을 위해 토지를 개척히고, 창고를 꽉꽉 채워 줄 수 있다.' …… '나는 임금을 위해 우호국과 맹약을 맺고, 다른 나라와 전쟁을 해서 반드시 이길 것이다.' 이러니 요즘 뛰어난 신하라는 자들이 하는 짓은 옛날에는 백성들을 해치는 자들이 하는 짓일 뿐이다. 임금이 도道와 어짊에 뜻이 없는데도 그를 전쟁에 강하게 해 주고 있으니, 이것은 포악한 걸왕을 더욱 포악한 짓을 하도록 도와주는 꼴이다."(〈고자 하〉 9장)

뭉술 공자를 이런 유세객에 빗댈 수는 없지.

범식 그래서 자공이 대답을 했지. "선생님께서는 온화하고 어질고 공손하고 자신을 단속하시는 분"이라고 못을 박은 다음, 선생님은 "비록 겸양하였으나, 종국에는 그 정사를 듣고 관여하게 된 것"이라고.

겉으로 드러난 모습이 비슷하다고 똑같이 보지 말라는 거구만.

범식 둘이 속은 완전 딴판인데, 겉은 분간하기 힘들 정도로 비슷했던 거지. 교언영색하는 자와 겸손한 사람을 겉모습만으로 구별하기 힘들 듯이.

하지만 "비록 겸양하였으나, 종국에는 그 정사를 듣고 관여하게 된 것"과 "선생님께서 정사에 참여하게 되기를 바라서 생긴 일"이 서로 모순이지 않니?

캐순   어떤 일에 대해 '겸양한 것'과 '참여를 바라는 것'이 매끄럽
       게 이어지지 않네.

       '겸양'을 양보한다는 뜻으로 새기면 그 말이 맞아. 하지만
       '겸양'은 어떤 일에 최선을 다하고 또 충분히 잘해 나가면
       서도 여전히 부족하다 여기는 태도에도 써. 이 뜻이라면
       '겸양'하면서도 일에 '참여하기'를 바랄 수 있지.

뭉술   샘! 공자는 정치에 참여하는 걸 좋아했나요?

샘   그렇게 되기를 정말이지 간절히 바랐어요. 보기에 따라서
       는 국정에 참여하고 싶어 안달이라고 여겨질 정도로요.

범식   정치를 감당하고 싶어 이 나라 저 나라 돌아다니는 공자의
       모습을 가리켜, "상가집 개 같다."라고 말한 사람도 있었다
       고 들었어.

뭉술   제자인 자금의 눈에도 공자가 지나치다 싶을 정도였다는
       거구만. 삐딱하게 볼 만했네.

캐순   왜 그렇게까지 공자는 정치하고 싶었을까?

범식   배워서 도달해야 할 목표가 '수기치인修己治人'이니까!

       보통 '수기치인'이라지만, 《논어》에 따른다면 '수기안인修己
       安人'이 더 나아요. 《논어》엔 '치인治人'은 나오지 않고, '수기
       안인'만 나오거든요.

자로가 물었다. "군자는 어떤 사람입니까?"

공자가 말했다. "경敬으로써 자기를 닦는 사람이지."

"그렇기만 하면 군자란 말입니까?"

"자기를 닦아서 다른 사람들을 편안하게 하는 사람이 군자이지."

"그렇기만 하면 군자란 말입니까?"

"자기를 닦아서 백성을 편안하게 하는 사람이 군자이지. 자기를 닦아서 백성을 편안하게 하는 것은 요순 같은 성군도 힘겨워하셨다네."(〈헌문〉 45장)

뭉술　"모든 사람을 편안하게" 하는 것으로 정치만 한 게 없지. 정치가 그걸 망칠 수도 있지만.

 '군자는 어떤 사람입니까?'란 물음에, 공자는 왜 처음엔 "경으로써 자기를 닦는 사람"이라고만 했지?

범식　"자기를 닦는 사람"에 "백성을 편안하게 한다"는 뜻이 이미 들어 있기 때문이지.

샘　맞아요. 결코 유학은 '자기를 닦는 것' 자체를 목적이라 하지 않아요. 경지에 오른다 하더라도 '자기를 닦는 것'만으로는 반쪽일 뿐이라고 여기죠. 먼저 '수기修己'가 상당한 정도 이루어진 후에 국정에 뛰어들어야 한다는 점에서, '수

기'가 '안인安人'의 바탕은 맞아요. 물론 여러 상황 때문에 끝내 국정에 참여하지 못할 수 있죠. 그런 때도 참여할 때를 예상하고 기다리며 준비하지요. 심지어는 자신이 죽은 후에라도 자신이 준비한 게 쓰이길 바라는 게 유학자죠. 시골에 박혀 있으면서 후진後進을 기르는 것, 책을 쓰는 것이 다 그런 뜻에서 나온 거랍니다.

캐순   당시 정치판을 기웃거린 사람들, 유세객은 '자신을 닦는 것'이 안 된 사람이겠지?

뭉술   '모든 사람을 편안하게 하는 길'을 가지 않고, 자신의 욕망과 명성만을 추구하여 이기는 것에만 목표를 둔 사람들이니까!

그래서 자공이, 겉으로 드러난 행동은 공자와 그런 사람들이 같더라도 공자는 그들과는 "완전히 딴판"이라고 한 거구나.

11장

어버이가 잘못한 일을
어떻게 해요?

공자가 말했다. "어버이가 살아 계실 때는 [어버이가 따르고 있는 도道에 대해] 자식의 뜻이 어떤가를 살펴보고, 어버이가 돌아가셨을 땐 자식의 행위를 살펴보아 3년이 되었는데도 어버이가 따랐던 도를 따른다면 효라고 이를 만하다.

子曰, "父在觀其志, 父沒觀其行, 三年無改於父之
자왈 부재관기지 부몰관기행 삼년무개어부지
道, 可謂孝矣."
도 가위효의

뭉술 　어버이가 돌아가신 뒤 어버이의 행위를 고치지 않고 그대
로 따라서 해야 '효'라고? 이건 아니지!

범식 　어버이의 뜻과 행위의 바탕이 되었던 도를 바꾸지 않아야
한다고 했지. 어버이가 했던 '행위'를 그대로 하라는 게 아
니야.

　글 자체는 그렇게 말하지만 따질 게 있어. '도'가 여럿이 아
니잖아? 그렇다면 "어버이의 도"는 '어버이의 행위'를 가리
킨다고 봐야 하지 않을까?

뭉술 　나는 '도'가 여럿이 아니라, '하나'라는 게 이해가 안 돼.

범식 　근원적으로 보면 도는 하나야. 하지만 중요한 게 있어. 도
는 언제나 구체적인 상황에서 드러나. 도 '그 자체'가 현현
할 수 없다는 소리야. 그래서 도는 하나이지만, 언제나 사
람과 시대라는 스펙트럼을 통과해서 나타나. 나타날 때마
다 다른 모습을 띠지 않을 도리가 없지.

뭉술 　그렇다면 '행위'로 봐도 상관없겠네.

샘 　유학자 중에도 어버이의 단순한 '행위'로 파악한 분이 있어
요. 그래서 잘못된 행동이라도 3년을 그대로 두어야 하나
를 두고 논쟁했죠. 다산 선생은 '여기서의 도'를 하나인 도
와 단순한 행위 사이에 있다고 보았어요. 위의 공자님 말
씀이 어떤 식으로 인용되는가를 찾아서 밝힌 뒤, 여기서의

'도'는 일반적인 행동이 아니라, "정책과 법령을 제정하고 조치하는 것"이라고 했거든요. 쉽게 바꿀 수 없는 것이죠.

뭉술   그러면 돌아가신 어버이의 정책과 법이 틀렸어도 3년은 기다렸다 고쳐야 한단 말인가요? 다산 선생조차 그렇게 생각하셨다면 실망인데요.

캐순   정책과 법령은 잘못되었는지 잘되었는지를 판단하는 게 쉽지 않잖아. 설사 썩 좋은 정책과 법령이 아니더라도 함부로 바꾸어서는 안 되지.

범식   정책과 법령은 무엇보다 '지속된다'는 믿음이 중요한데, 정책과 법령이 쉽게 바뀌면 믿음을 잃게 돼. 그러면 바꿔서 얻는 것보다 잃는 게 더 클 수 있어.

어버이가 살아 계실 때 펼친 '정책과 법령'이 심각하게 문제가 있는데도, 3년은 기다려야 한단 말이야?

캐순   그건 아니라고 봐. 정말 심각하게 문제라면 바로 바꿔야지.

다산 선생도 《논어고금주》에서 이 문장에 주를 달아 말씀했어요.

   천자와 제후로서, 돌아가신 임금이 편 정책이나 법이 문제가 있어 천하에 화를 끼쳤거나 나라를 위태롭게 한 것이 있다면, 물과 불속에서 구해 내는 것처럼 한시바삐 고치는 게 마땅하다. 어찌 따르는 것이 효라고 생각해서 그대로 둘 수 있겠는가?

뭉술   심각하지 않지만 문제가 상당히 있다면, 3년이 지나선 바
       꿔도 되는가?

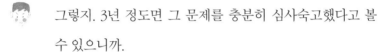 그렇지. 3년 정도면 그 문제를 충분히 심사숙고했다고 볼
       수 있으니까.

캐순   '정책과 법령'보다 포괄적이고 근본적 개념인 '예'도 바꿀
       수 있다는 게 유학임을 앞에서 봤잖아.

범식   어버이가 잘못하는 것에 대해 자식이 어떻게 하는 게 효인
       지도 앞에서 봤지.

 그 부분을 다시 읽어 볼게.

    어버이를 섬긴다는 것은 얼굴빛을 부드럽게 하고서 어버이의
잘못을 지적하는 것이다. 어버이가 자식의 지적을 따르지 않더
라도, 공경해야 한다. 하지만 [법도를] 어기지 말라. 이렇게 하는
게 힘들지만, 어버이를 원망하지는 마라.(〈이인〉 18장)

샘   《주역》에서도 어버이가 잘못했으면 그걸 고치는 게 자식의

*   정약용 지음, 이지형 옮김, 《논어고금주》, 사암, 2010, 120쪽.

도리라고 말하고 있어요. 〈고괘蠱卦〉에 이렇게 되어 있어요.

어버이가 잘못했던 일을 떠맡아 건실하게 바꾼다. 이런 자식이 있으면 죽은 어버이가 허물이 없게 된다. 위태로우나 마침내 길하다.[1]

샘   또한 이 글귀를 풀이한 글에선 "어버이가 잘못했던 일을 떠맡아 건실하게 바꾸는 것은 아버지를 이은 것이다."[2]라고 했고요.

12장

하나가 되어야 하나요?
떨어져 있어야 하나요?

제자인 유자가 말했다. "예禮를 쓸 때는 화합의 측면을 귀하게 여겨야 한다. 훌륭한 임금들이 지녔던 도道 역시 '화합하는 예禮'를 아름답게 여겨서, 큰일이건 작은 일이건 다 이에 말미암아서 했다. 그렇지만 일이 제대로 행해지지 않게 되는 경우가 있으니, 화합만 알아서 화합하기만 하는 것이다. 예로써 화합을 절제하지 않으면 그 역시 일이 제대로 행해지지 않기 때문이다.

有子曰, "禮之用, 和爲貴. 先王之道, 斯爲美, 小大
由之. 有所不行, 知和而和. 不以禮節之, 亦不可行
也."

뭉술 화합하면 좋은 것 아닌가?

캐순 화합'만' 하면 문제지.

뭉술 왜 문젠데?

캐순 모든 일에서 '좋은 게 좋은 것이다'는 태도만 취하면 어떻게 될까?

범식 구별해서 봐야 하는 걸 그냥 한 뭉텅이로 여기면, 문제가 생기지.

뭉술 그러면 옳음과 그름이 사라지겠구나.

범식 맞아. '뭉쳐야 산다'도 있지만, '흩어져야 산다'도 있잖아?

캐순 앞 장에서 '효'를 말하고 이번 장에서 '예'로 이었는데, 둘 사이에 무슨 관계가 있나?

[캐릭터] '예'를 음악과 짝지어서 '예악'이라고 하는 소리를 들어 봤어도, '효'와 '예'를 연관시키는 소리는 못 들었는데 …….

[캐릭터] 먼저 '예'와 '악'의 관계를 말하는 게 좋겠네요. 이 관계를 말하다 보면 '화합의 절제'를 더 깊게 들어갈 거예요. 먼저 알려 줄 게 있어요. '악'은 지금 말하는 음악보다 넓은 개념, '춤'을 포함해요.《예기》〈악기樂記〉에 이렇게 나와요.

사람의 마음은 사물에 감응하면 마음이 발동하여 소리로 나타난다. 소리와 소리가 서로 응하면 자연히 맑고 탁함, 높고 낮음의 변화가 있게 된다. 변화가 '형식'을 이룬 것을 '음音'이라 한다. 음을 악기로 연주하며, 간척干戚 같은 '무무武舞'와 우모羽旄 같은 '문무文舞'의 춤을 추는 것을 '악'이라 한다.

뭉술 음악이 있는 춤이 '악'이구나.
     '악'은 '악무樂舞'의 줄임으로 봐야겠다.
샘   우리가 음미해 볼《논어》구절에 "예로써 화합을 절제하지 않으면 그 역시 일이 제대로 행해지지 않기 때문이다."로 되어 있었죠? 예, 화합, 절제의 관계를 알 수 있는 구절이 《예기》〈악기〉에 나와요.

     큰 '악'은 하늘·땅이 가진 '화합'하는 특성을 한가지로 가지고, 큰 '예'는 하늘·땅이 가진 '조절'하는 특성을 한가지로 가진다.

범식 악의 정신은 '화합'이고, 예의 정신은 '절제'라는 거네.
뭉술 '화합'과 '절제'를 전형적으로 보여 주는 건 하늘과 땅이고.
범식 하늘과 땅의 본질을 드러내는 게 '악무'와 '예'라는 거지.

* 방패와 도끼를 들고 추는 춤.
† 새의 깃을 손에 쥐고 추는 춤.

그러니까 윗글은 '악무'와 '예'를 통해서 사람들은 하늘과 땅의 정신을 구체적으로 현현하고 있음을 말하네.

 아주 좋습니다. '예'와 '악무'를 《예기》〈악기〉는 어찌 말하는지도 아울러 알면 좋겠죠?

'음악과 춤'은 하늘과 땅이 화합함을 표현하는 것이요, '예'는 하늘과 땅에 질서가 있음을 표현하는 것이다. 하늘과 땅의 기운이 화합하여 합쳐지므로 만물이 생겨나 형태를 띠고, 질서가 있으므로 만물에 구별이 있게 된다. '음악과 춤'은 하늘을 본받아 창작한 것이고, '예'는 땅을 본받아 제정한 것이다. '예'가 지나치면 오히려 어지럽게 엉키고, '음악과 춤'이 지나치면 오히려 폭력적인 힘이 지배한다. 하늘과 땅의 이치에 환한 뒤에야 '예'와 '음악과 춤'을 일으켜 세상을 자연처럼 아름답게 할 수 있다.[*]

뭉술 사람은 하나됨도 필요하지만, 떨어짐도 반드시 필요로 하지.

캐순 두 면이 조화롭지 못하고 어느 한쪽이 비대해질 때 생기는 폐단을 지적한 게 인상적이다.

범식 '음악과 춤'이 지배하는 곳은 축제를 떠올리면 될 듯해.

---

[*] 원문의 뜻이 분명히 드러나도록 주석을 참고하여 번역했음을 밝힌다.

뭉술 "'음악과 춤'이 지나치면 오히려 폭력적인 힘이 지배한다"
고? 축제는 흥겹고 즐거운 마당인데, 폭력적인 힘이 지배
한다고 할 수 있을까?

캐순 당연히 잠깐이라면 흥에 넘치지. 하지만 카니발 같은 페스
티벌, 수십만이 모인 공연장의 열기가 '일상적'으로 뿜어져
나온다면. 끔찍하지 않니?

뭉술 역사에서 빗댈 수 있는 게 있나?
나치의 병사들, 중국의 홍위병, 일본의 사무라이, 기독교의
십자군이 그런 힘과 열기를 분출한 집단이 아닐까?

범식 "'악'은 하늘을 본받아 창작한 것"이라고 했잖아? 새로운
것을 '만들어 내는 힘'인 거지. 나치, 홍위병, 사무라이, 십
자군은 다 새로운 것을 '만들겠다'는 의지가 지나쳐서 지울
수 없는 폭력을 막 휘둘렀지. '예' 즉 절제와 질서 감각이 무
너진 자들이었어. 그런 점에서 《예기》의 이 소리는 진실이
담겨 있다고 생각해.

뭉술 "'예'가 지나치면 오히려 어지럽게 엉킨다."도 말이 되나?
'예'는 질서라고 했잖아? 넓은 의미의 '법'이지. '예'가 지배
적이면 '법'이 지나치게 비대해졌다고 할 수 있어. '법'이 지
나치면, 모든 것을 법이란 틀에 고정시키지.

캐순 그런 나라를 역사에서 떠올리면 어디일까?

범식 하나부터 열까지 규칙과 법으로 규제했던 나라, 망한 소련의 모습이지 않을까?

뭉술 예와 질서, 법은 사람살이에 꼭 필요하지만, 이것은 사람살이의 반쪽임을 잊어서는 안 되겠다. 법과 질서, 예를 말할 자리에선 반드시 하나됨, 화합이 함께해야 함을 잊어선 안 되겠어.

　　　하나됨, 화합만을 주구장창 외치는 사람이 되어서도 안 되겠지. 그런 곳에선 예법으로 질서 잡는 것의 중요성을 알려야 해.

뭉술 그러면 '하나이면서 여럿'이고, '여럿이면서 하나'인 사회가 될 거야.

범식 개별자로 있으면서 개별적인 향기와 빛깔을 내되, 그 개별적인 것 하나하나가 전체를 이루어 하나의 아름다운 무늬를 이루어 내겠구나!

캐순 김춘수 님의 시 〈꽃〉에서 보여 주는 세상이 그것이 아닐까.

　　　내가 그의 이름을 불러 주기 전에는

　　　그는 다만

　　　하나의 몸짓에 지나지 않았다.

　　　내가 그의 이름을 불러 주었을 때

그는 나에게로 와서

꽃이 되었다.

내가 그의 이름을 불러 준 것처럼

나의 이 빛깔과 향기에 알맞은

누가 나의 이름을 불러 다오.

그에게로 가서 나도

그의 꽃이 되고 싶다.

우리들은 모두

무엇이 되고 싶다.

나는 너에게 너는 나에게

잊혀지지 않는 하나의 의미가 되고 싶다.

 남녀 간의 사랑을 다룬 시 같은데 …….

캐순 물론 사랑도 있지. 하지만 사랑보다 훨씬 포괄적이야. 만약
여·남 간의 사랑에서 그쳤다면 이러했을 거야. 이 시에서
'나'인 주인공(시적 자아)이 이름을 불러 주어 '그'가 꽃이 된
것처럼, 이번에는 '나'도 '그'로부터 이름이 불리기를 바라
야 해. 그런데 '나'의 바람은 달라.

범식 　다르다고? '니'(시적 사아) 역시 자신의 이름이 호명되어, 그 자신도 꽃이 되길 바라잖아.

그런데 '나'의 이름을 불러줄 사람으로, 자신이 이름을 불러 주어 꽃이 된 '그'를 한정하여 지목하지 않아. "누가 나의 이름을 불러 다오."라고 말해.

'누구라도' 그를 불러 주면 자신이 그의 꽃이 될 수 있다는 바람을 말한 거 맞네. 일대일의 관계가 아니야.

캐순 　딱 들어맞지 않지만, 무한 연쇄를 떠올리면 쉬울 듯. 한 사람이 무엇을 하고 배턴을 다른 사람에게 넘기면, 이 배턴을 받은 사람도 자기 몫을 하고 또 다른 사람에게 넘기는 것과 같아.

뭉술 　전통을 물려받고 물려주는 것과도 같네?

범식 　할아버지가 아버지를, 아버지는 아들·딸을, 아들은 손녀·손자를 호명하는 예가 시 〈꽃〉에 더 어울리네.

캐순 　둘 다 괜찮지만, 그렇게까지 긴밀한 연쇄 고리로 묶이지 않아도 돼. 오히려 불리는 사람의 "빛깔과 향기에 알맞은 이름"으로 불러 주는 게 중요하지.

뭉술 　"나는 너에게 너는 나에게 / 잊혀지지 않는 하나의 의미가 되고 싶다."라는 말은 나와 너가 일대일로 관계 맺어지기를 바라잖아.

"우리들은 모두 / 무엇이 되고 싶다."를 먼저 말한 뒤에 그 구절이 있는 걸 봐서는, 하나의 '의미 있는 존재'가 되기를 바란 거지, 나와 너가 일대일의 관계로 맺어지기로 국한시켜서는 안 된다는 생각이야.

캐순   모두가 자기 "빛깔과 향기에 알맞은" 존재가 되어, 서로가 서로에게 꽃이 되고 의미가 됨을 말한다고 봐야겠지.

뭉술   어떤 존재자가 다른 것을 불러 줄 때 그것은 꽃이 되고, 어떤 존재자 자신도 누군가가 불러 줄 때 꽃이 되어서, 서로가 서로에게 꽃이 되고 의미가 된다는 발상이라니, 무척이나 철학적이다.

범식   존재하는 것들은 모두 다 다른 존재자의 덕분이라는 소리네. 그렇게 해서 모든 존재하는 것들은 하나의 우주를 이루고!

바로 그거야. 우리가 《예기》에 나와 있는 '예'와 '악무樂舞'를 말하면서, 내가 김춘수 님의 시 〈꽃〉을 떠올린 까닭이야. 네가 '예악'의 세계관에 대해, "개별자로 있으면서 개별적인 향기와 빛깔을 내되, 그 개별적인 것 하나하나가 전체를 이루어 하나의 아름다운 무늬를 이루어 내겠구나!"란 식으로 말했을 때, 〈꽃〉이 보여 주는 세계관과 닮아 있다고 생각한 거지.

13장

공손이
치욕스럽지
않으려면요?

제자인 유자가 말했다. "언약한 것이 올바른 것에 가까우면 그 언약을 실천할 수 있고, 공손함이 예에 가까우면 치욕을 멀리할 수 있다. 이렇게 하고, 부모형제와 친하게 지내는 것을 잃지 않은 이. 그런 사람은 역시 높여 받들 만하다."

有子曰, "信近於義, 言可復也. 恭近於禮, 遠恥辱也. 因, 不失其親, 亦可宗也."

---

*   대체로 다산의 《논어고금주》를 따라 해석했다.

뭉술 "언약한 것이 올바른 것에 가까우면 그 언약을 실천할 수 있"다가 무슨 말이지?

범식 약속은 지켜야 해. 하지만 옳지 못한 약속도 지켜야 한다고는 생각지 않겠지?

뭉술 옳지 못한 약속은 파기하는 게 옳은데 …….

캐순 그러니까 약속을 할 때는 먼저 그 일이 올바르고 마땅한지 따진 뒤에 해라. 그러면 그 약속을 거리낌 없이 지킬 수 있다는 말이겠지.

　 공손한 게 치욕스런 것일 수도 있나? "공손함이 예에 가까우면 치욕을 멀리할 수 있다."는 걸 보면, 공손함이 치욕이 될 수 있다고 본 것 같아서 말이야.

캐순 공손함은 언제나 좋고, 공손하면 공손할수록 더 좋은가? 그러다 보면 내가 무너지는데도?

뭉술 요즘 벌어지는 감정 노동과 서비스는 너무 지나치다고 생각해.

범식 교언영색을 권장(?)하는 사회니까!

캐순 맞아. '손님은 왕'이라는 잘못된 의식 때문이야. 손님은 손님일 뿐인데!

　 '손님은 왕'이라는 소리는, 손님이 들고 온 '돈'이 왕이라는 공언이거늘. 쯧쯧!

범식   땅으로 꺼질 듯 절하는 사람이나 그런 절이 마땅하다고 여기는 사람이나, 한심하기는 마찬가지지.

뭉술   그런 지나친 절을 해 오면 자기가 존중받는다는 느낌이 들까? 오히려 겉치레로 대한다는 게 확 느껴지지 않을까?

캐순   진정으로 존중받는다는 게 뭔지 모르는 사람인 거지.

범식   샘! 과공비례過恭非禮란 말이 있지요? '손님은 왕'이라는 말이 딱 과공비례라고 생각하는데, 어디에 나온 말이죠?

샘   《맹자》에 이런 말이 있어요.

  예가 아닌 예, 의 아닌 의를 대인은 하지 않는다.(〈이루 하〉 6장)

 윗글에 송나라 정이가 풀이를 달았는데 거기에 나와요.

  공손한 것은 본래 예이다. 하지만 지나친 공손, 즉 과공過恭은 다르다. 그 같은 행위를 두고서 '예가 아닌 예'[非禮之禮]라 하신 것이다. (《맹자집주》내각본, 세주細注)

뭉술   공자가 '공손함'과 '예'에 관해 더 말한 게 없나요?

샘   있어요. 깊게 생각할 만한 말씀이니까, 오래 음미해 보세요.

공자가 말했다. "공손하기만 하고 예가 없으면 힘이 들고, 신중하기만 하고 예가 없으면 두려워하게 되고, 용감하기만 하고 예가 없으면 분란을 일으키고, 올곧기만 하고 예가 없으면 목을 조르는 사람처럼 된다.(〈태백〉 2장)

범식   공손함, 신중함, 용감함, 올곧음 다 좋지만 그것만으로는 부족하다는 거구나.

캐순   올곧은 행위가 목을 조를 수 있다는 게, 충격이다.

뭉술   아무리 좋은 것도 적절해야 좋지, 무차별로 좋은 건 아니니까.

범식   '예가 있다'는 건, 적절하게 쓰인다로 이해하면 되겠네.

캐순   그러기 위해선 어떤 상황인가를 살펴 좋은 덕성들을 어떻게, 어느 정도로 쓰는 게 좋은지를 '판단할 수 있는 능력'이 있어야겠어.

        마지막 구절, "이렇게 하고, 부모형제와 친하게 지내는 것을 잃지 않은 이. 그런 사람은 역시 높여 받들 만하다." 좋은 소린데, 어떤 맥락인지 감이 없다.

샘   이 구절은 논란이 있어요. 다산 선생의 말씀이 가장 그럴듯하니 먼저 알려 줄게요. 다산 선생은 이 장 전체가 '사람을 아는 방법'을 다룬다고 봤어요. 이렇게 말씀했거든요.

사람을 관찰하는 방법은, 어떤 사람이 밖에서 드러내는 행실이 비록 착하더라도 마땅히 안에서 하는 행실도 봐야 한다. 언약과 공손함을 잘하는 것은 모두 외부 사람을 접하는 행실이다. 외적인 행실이 이미 착하고 내적인 행실 또한 갖추어져 있다면, 그 사람은 높여 존경할 만하다.

 괜찮은 사람이란, 집 밖에서만이 아니라 집 안에서도 잘하는 사람이란 소리이구나.

캐순 '사람을 관찰하는 방법'도 중요한가?

범식 어떤 사람과 사귀는가가 중요하다면, 훌륭한 사람을 알아보는 눈 역시 중요하지.

샘 유학에서 '사람을 아는 것'이 아주 중요한데, 이 편 마지막 장에서 나오니 거기서 다루지요.

---

* 정약용 지음, 이지형 옮김, 《논어고금주》 1권, 사암, 2010, 128쪽.

14장

배우기를
좋아하는 사람의 태도는
어때야 하나요?

공자가 말했다. "군자는 먹는 것에 있어서 배부름을 추구하지 않고, 거처에 있어서 편안함을 추구하지 않는다. 일은 민첩하게 하고, 말은 삼가 조심히 하며, 도道 있는 사람에게 나아가 바로잡는다. 그런 사람이라면 배움을 좋아한다고 말할 수 있다."

子曰, "君子食無求飽, 居無求安, 敏於事而愼於言, 就有道而正焉, 可謂好學也已."

캐순	편안한 집에서 배불리 먹는 게 잘못은 아니잖아?

범식	당연히 잘못은 아니지. 하지만 그것을 "추구"하며 사는 사람의 삶은 그런 사람으로 여겨질 뿐, 군자의 삶으로 여겨질 순 없지.

캐순	군자나 군자가 되려는 사람은 왜 배부름도 편안함도 추구하지 않는 걸까?

범식	그가 추구하는 게 따로 있어서, 편안함과 배부름을 추구할 겨를이 나지 않아서겠지.

뭉술	군자가 추구하는 것은 뭔데?

첫째, 해야 할 일을 신속하면서도 잘 처리하는 것, 둘째, 도道가 있는 사람에게 나아가 자신이 하는 일을 바로잡고 그것을 통해 자신을 더욱 바르게 세우려는 것이 군자가 추구하는 것이지.

샘	'편안한 집'과 '배불리 먹는 것'은 나의 '작은 몸'을 기르는 건데, 이것을 먼저 말하는 까닭은 '극기克己를 먼저 해야 함'을 밝히는 것이라고 다산 선생은 말씀했어요.

뭉술	'작은 몸'이 있으면 나의 '큰 몸'도 있겠죠?

《맹자》에 나와요. 관련해서 대인大人, 소인小人도 나오니까 소개할게요.

공도자가 물었다. "모두가 같은 사람인데 어떤 사람은 대인이 되고, 또 어떤 사람은 소인이 되는데 왜 그렇습니까?"

맹자가 대답했다. "자신의 큰 몸을 따르면 대인이 되고, 자신의 작은 몸을 따르면 소인이 되지."

"모두가 같은 사람인데 어떤 사람은 자신의 큰 몸을 따르고, 또 어떤 사람은 자신의 작은 몸을 따르는데 왜 그렇습니까?"

"눈과 귀는 생각하는 기능을 갖고 있지 않아서, 눈과 귀만 작용하면 외물에 덮여 버려 눈과 귀도 사물일 뿐이게 되지. 사물인 눈·귀와 다른 사물이 만나면 그저 서로가 당겨서 한 무더기가 될 뿐이야. 마음의 기능은 생각할 수 있으니, 생각하면 이치를 얻고 생각하지 않으면 이치를 얻지 못하지. 눈과 귀, 마음은 모두 하늘이 나에게 준 것이지만, 먼저 큰 것인 마음을 세우면 작은 것인 눈·귀가 해야 할 바를 빼앗을 수 없어. 이것이 바로 대인이 되는 까닭이지.(〈고자 상〉 15장)

마음이 나의 큰 몸이고, 눈과 귀와 같은 게 나의 작은 몸이라고 한 거구만.

범식 배부름과 편안한 집을 추구하는 사람은 작은 몸을 따르는 사람이어서 소인이고.

뭉술 하늘이 부여한 큰 몸인 마음을 따르는 사람은 대인이고.

범식   나에겐 눈과 귀와 같은 감각 기관도 하늘이 부여했다는 게
       인상적이네.

뭉술   당연하잖아?
       서양에선 '생각'과 '감각'을 완전히 분리시켜서 보는 경향
       이 대체로 많거든. 그런데 맹자는 둘에게서 역할의 차이는
       보지만 모두 다 한 뿌리, 즉 하늘에서 유래했다고 보잖아.
       이 점을 특별히 눈여겨봤으면 해.

캐순   '생각'과 '감각'이 완전히 분리되어 있다는 시각과 그것들이
       하나로 이어져 있다는 시각은 인간관에서 큰 차이로 나타날
       것 같아.

뭉술   흥미로운 주제지만,《논어》본문으로 돌아가자.
       '배부름과 편안함을 추구하지 않고, 일은 민첩하게 하되 말
       은 삼가고, 도 있는 사람에게 나아가 바로잡는 사람'을 두
       고 '군자'라고 했는데, 군자도 자신을 바로잡아야 하나?

샘   군자가 최상의 사람만을 가리키지는 않아요. 성인聖人, 인
       인仁人도 있어요. 물론 군자를 넓게 쓰면 성인, 인인도 군자
       에 들어가요. 좁게 쓰면, 훌륭하기는 해도 성인, 인인에는
       아직 못 미치는 사람을 가리키죠. 다음 말이 증거예요.

*   군자란 말은 이 외에도 단지 귀족, 즉 고위 관료를 가리키는 뜻으로도 사용된다. 이 뜻이
     더 본래적이다. 공자는 군자의 뜻을 혈연이 아니라 덕에서 찾아 의미를 재규정했다.

공자기 말했다. "군자이면서 어질지 못한 사람은 있지만, 소인이면서 어진 사람은 없다."(〈헌문〉 7장)

샘   사람은 죽을 때까지 배워야 하는 존재라는 게 유학의 입장이에요. 앞에서 이를 알려주는《논어》구절을 봤는데, 떠오르는 게 없나요?

범식   맞아. 공자의 제자이자 공자의 도통을 이은 분으로 평가받는 증자의 말씀이 거기에 해당하겠네요.

 그래. 내가 다시 읽어 볼게.

증자가 말했다. "선비는 넓고 굳세지 않을 수 없다. 짊어져야 할 짐은 무겁고 길은 멀기 때문이다. 어진 사람으로 살아가기를 자기의 책임이라고 여기니 무겁지 아니한가? 죽은 다음에서야 끝나는 길이니, 멀다고 하지 않을 수 있겠는가?"(〈태백〉 7장)

범식   샘! 성인도 배우나요?

 당연하죠. 순임금과 우임금은 '성인 임금'으로 받들어지는데, 그분들도 끊임없이 배웠을 뿐만 아니라 그것을 즐거워했어요.《맹자》에 나와요.

맹자가 말했다. "우임금은 선한 말을 들으면 절했다. 순임금은 이보다 더했다. 선을 다른 사람들과 함께 했는데, 자기의 생각을 버리고 다른 사람의 생각을 따랐으며, 다른 사람의 견해를 취하는 것 자체를 선으로 여겼다. 농사짓고, 그릇 굽고, 고기 잡던 시절부터, 임금이 되어서도 다른 사람의 견해를 취하지 않은 적이 없었다.(〈공손추 상〉 8장)

캐순 성인도 배움을 좋아했다면, 공자도 당연히 배움을 좋아했겠다.

🙂 공자님 스스로 당신은 "배움을 좋아하는" 사람이라고 자처했다고 들은 적 있어.

샘 맞아요. 공자님이 겸손하신 분인데, 배움에서만큼은 자부하셨어요. 배움의 특성이 '부족함에 대한 인정'이니까. 자부라기보다는 역시 겸손이라 할 수도 있지만요.

공자가 말했다. "대가족이 열 가구쯤 사는 조그만 고장에도 반드시 나만큼 충신忠信한 사람은 있지만, 그런 사람들도 나만큼 배우기를 좋아하지는 않을 것이다.(〈공야장〉 27장)

뭉술 샘! 배우기를 좋아하는 사람이라고 공자가 또 인정한 사람은 없나요?

 공자의 수제자로 인정받는 안회(안연)가 배우기를 좋아하는 사람이라고 말씀하셨어요.

　　노나라 군주인 애공이 물었다. "제자 중에 누가 배우기를 좋아합니까?" 공자가 대답했다. "안회라는 제자가 있어 배우기를 좋아했습니다. 그는 노怒를 옮기지 않았고, 마음을 둘로 가지는 잘못을 저지르지 않았습니다. 불행히도 명이 짧아 죽고 말았습니다. 지금은 죽어서 없으니, 그 뒤로는 배우기를 좋아한다는 사람이 있다는 소리를 아직도 듣지 못하고 있습니다."(〈옹야〉 2장)

범식　안회가 죽자 공자가 엄청 비통해 했다던데, 이 말을 하는 중에도 공자의 슬픔이 아직 사라지지 않았음이 느껴진다.

 외로워하고 서글퍼하는 공자의 마음이 수채화 물감처럼 번지네.

뭉술　가장 아끼던 제자가 스승보다 먼저 갔으니 암담하지. 안회는 몇 살에 죽었죠?

샘　서른두 살에 죽었다고 알려졌어요.

---

*　다산의 《논어고금주》 풀이를 따랐다.

범식   아, 정말 이른 죽음이다! 그 나이에 벌써 공자의 수제자로
        인정받았다고요?

샘   예. 공자의 특출한 제자 중에 자공이 있는데, 공자와 자공
        이 나눈 대화를 들어 보면 공자가 안회를 어느 정도 아꼈는
        지 알 수 있어요.

        공자가 자공에게 말했다. "너와 안회 중에 누가 더 낫다고 생각
        하는가?"

        자공이 대답했다. "제가 어찌 감히 안회를 쳐다볼 수 있겠습니
        까. 안회는 하나를 들으면 열을 알고, 저는 하나를 들으면 둘을
        알 따름인걸요."

        공자가 말했다. "같지 않겠지. 나와 너는 그만 못하다." (〈공야
        장〉 8장)

        공자 당신도 스스로 안회만 못하다고 말씀하셨다니, 놀랍
        다!

범식   안회가 그만큼 배우기를 좋아했다는 거지.

캐순   그런데 배우기를 좋아하는 게 그리 특별할까?

---

*   다산의 《논어고금주》 해석을 따랐다.

범식 　'배움을 좋아하면' 어떤 사람이 되는지가 윗글에 나와 있으니까, 논의해 보자.

캐순 　'배움을 좋아하는 사람' 안회가 전형이겠지. "안회는 노怒를 옮기지 않았고, 마음을 둘로 가지는 잘못을 저지르지 않았다."라고 말씀했어.

뭉술 　샘! "노를 옮기지 않았다[불천노不遷怒]."를 자세히 설명해 주세요. 갑에게 노한 것을 을에게 옮긴다는 뜻은 아니죠?

　 　당연히 아니죠. 하지만 주자가 그리 생각했어요. 이에 다산 선생이 호되게 비판했지요. "주자는 갑에게 노한 것을 을에게 옮기지 않는 것이 '노를 옮기지 않는 것'이라고 했다. …… 만약 그렇게 옮기는 사람이 있다면 미친 자[광란자狂亂者]이니, 어찌 안회 선생님 정도가 되어야 할 수 있는 일이겠는가?"

캐순 　아니, 주자를 다산이 이렇게 심하게 비판했단 말인가요? 그렇게 하고도 다산에게 문제가 안 생겼나요?

샘 　전혀 안 생겼어요. 《논어고금주》에서 다산은 주자의 《논어》 해석을 정말이지 엄청 많이 비판했어요. 하지만 전혀 문제가 안 되었죠.

　 　주자의 말을 한마디라도 비판하면 큰일이 났다고 들었는데, 아닌가 보네. 주자를 비판하면 '사문난적斯文亂賊'으로

죽임을 당하지 않나요?

그러지 않았어요. 그에 대해선 다른 기회에 자세히 설명할 게요. "그는 노를 옮기지 않았다"를 생각해 볼 풀이가 세 가지 있어요. 우선 북송 정이천 선생은 "기뻐하고 화냄이 '자신의 감정에 있지 않고 상대방이 행한' 일에 있다면, 이것은 도리상 마땅히 그렇게 해야 할 것이요. 혈기에 있지 않은 경우도 분노를 옮기는 것이라고 말해선 안 된다."라고 했어요. 다음은 다산 선생이에요. 그분은 "빈천과 우환을 군자는 운명으로 여겨 받아들여서 '하늘을 원망하지 않고 사람을 탓하지 아니하니', 이것이 바로 '노를 옮기지 않았다"는 뜻이라고 했죠. 세 번째는 다산 선생의 해석에서 더 깊이 들어갔는데, 생존해 계신 이수태 선생의 풀이예요. 아주 좋은 풀이이니까 길어도 다 읽을게요.

이 말을 제대로 이해하자면 우선 '노怒'에 대한 이해가 앞서야 한다. 여기서 말하는 '노怒'는 우리가 일반적으로 분노라고 부르는 세상의 '이것 또는 저것'에 대한 분노가 아니다. 이 근원적 분

---

* 공자가 당신 자신의 마음을 〈헌문〉 37장에서 표현한 적이 있다. "하늘을 원망하지 않고 사람을 탓하지 아니한다. 밑에서부터 배워 위에까지 도달하였으니, 나를 알아줄 존재는 하늘일 것이다[不怨天, 不尤人, 下學而上達. 知我者其天乎!]."

노는 세상과 인간을 보고 느낀 분노이기도 하지만 동시에 자신의 존재 깊이에서 발현되는 분노로서 모든 진정한 의욕과 행위의 동기이기도 한 분노이다. 안회가 이 분노를 옮기지 않았다는 것은 이를 자기 안에서 자기 자신의 과제로 받아들이고 자기 자신을 다스림으로서, 근원적으로 해결하려 하였다는 뜻이다. 즉 다른 모든 사람들이 무력하게 빠져들듯이 세상이나 타인 또는 운명 등에 대해 그 분노를 투사함으로써 이것 또는 저것에 대한 속된 분노로 변질시키지 않았다는 말이다. 이 말은 공자가 자공 앞에서 혼잣말 삼아 한 말, 즉 자신은 "하늘을 원망하지 않았고 사람을 탓하지 않았다"는 말과 정확히 통하는 말이라 할 수 있다.

 '노怒'를 자신의 존재 깊이에서 발현되는 것이자, 모든 진정한 의욕과 행위의 동기인 '근원적 분노'로 본 것이 의미심장하다.

뭉술   이 분노를 옮기지 않았다는 것을 "이를 자기 안에서 자기 자신의 과제로 받아들였다"고 풀이한 게 나에겐 깊게 파고든다.

캐순   안회가 '배우기를 즐긴' 증거로 내세운 두 번째 태도인 "마

---

*   이수태 지음,《논어의 발견》, 바오, 2014, 73쪽.

음을 둘로 가지는 잘못을 저지르지 않았다[불이과不貳過].”
는 뜻도 알려주세요.

이것 역시 세 사람의 풀이를 알려 드릴게요. 주자는 역시
단순하게 “전에 잘못한 것을 다시 하지 않는 것”이라고 말
했어요. 다음은 이수태 선생의 풀이예요. ‘이과貳過’를 “무
지와 맹신에 의해 초래된 그릇된 신념의 체계”로 봐요. 독
특하죠.

> ‘불이과不貳過’는 무엇인가? 주자의 해석처럼 한 번 저지른 과
> 오를 거듭 저지르지 않았다는 뜻이 아니다. …… ‘불이과’는 저
> 지를 수 있는 무엇이기 이전에 먼저 무지와 맹신에 의해 초래된
> 그릇된 신념의 체계를 말한다. …… 인간의 진정한 모든 ‘과過’는
> 이중적이다. 이 점을 이해하는 것이 ‘불이과’를 이해하는 지름길
> 이다.

샘 이렇게 말을 한 뒤, 공자가 ‘무지’에 의한 과오와 ‘맹신’에
의한 잘못을 지적한 문장을 예로 들며 논지를 전개해 나가
는데, 약간 어렵지만 끝까지 들어 보도록 하죠.

---

* 이수태 지음,《논어의 발견》, 바오, 2014, 74쪽.

과오의 이중성은 "잘못이 있는데도 고치지 않는 것을 바로 잘못이라 한다"는 공자의 지적에서 명백히 그 구조를 드러낸다. "소인은 잘못이 있으면 반드시 꾸민다"고 한 자하의 말도 같은 취지의 말이다. 따라서 과오의 이중성은 과오의 적극성이라 해도 과언이 아니다. 그렇다면 과오를 벗어나는 일은 이 과오의 이중성을 벗어나는 일, 즉 적극적 과오의 상태에서 소극적 과오의 상태— 이 표현이 다소 지나치게 느껴질 수도 있겠지만 공자의 사유 구조를 이해하자면 오히려 도움이 될 수도 있을 것이다 — 로 회복하는 일이 된다. '불이과不貳過'는 안회가 스스로를 고쳐가는 올바른 길에 서 있었다는 사실을 지적한 것이다. 이 점은 결코 사소한 지적이 아니다. 논어의 세계에서 이 점은 논어의 전부라 해도 과언이 아니다.

무지나 맹신의 상태에서 벗어나, 스스로 자신을 "고쳐나가는" 상태에 있는 것을 '불이과'라 생각했구나.

샘 　이수태 선생의 풀이도 좋지만, 다산 선생의 풀이는 확실히 그 이상이에요. '불천노'에선 이수태 선생이, '불이과'에선 다산 선생이 더 깊은 깨달음에 이르렀다고 생각해요. 다산

*　이수태 지음, 《논어의 발견》, 바오, 2014, 74쪽.

선생은 먼저 '이貳'라는 글자의 용례를 밝힌 다음, '이과貳過'와 '불이과不貳過'를 차례차례 드러냈어요. 이분이 얼마나 철저하게 공부를 했는지를 보여드릴 겸 해서 '이' 글자의 용례를 밝히는 부분까지 다 읽어드릴게요.

나누어 끌고 가는 것을 '이'라 하고, 양쪽에 속하는 것을 '이'라 하지, 중첩되고 누적되는 것을 '이'라고 하는 말은 들어 보지 못했다.《시경》〈대아〉에 "너의 마음을 둘[이貳]로 하지 말라."고 하였고,《예기》〈곡례〉에 "비록 밥상을 둘[이貳]로 하여 내놓더라도 사양하지 않는다"고 하였으며,《좌전》에 "'대숙'이 서비와 북비의 사람들을 명하여 자기에 대해 양쪽[이貳]의 마음을 가지게 했다."고 하였고, 또《좌전》에 "왕은 괵공에게 나누어[이貳]주려 하였다."고 하였으니, '이' 자의 뜻을 알 만하다. 그러니 전에 저지른 허물을 다시 범하는 것을 '이과'라고 말할 수 있겠는가?

다산 선생은 마음이 갈리고 쪼개져 있지 않은 상태를 '불이과不貳過'라고 했구나.

범식　이번에도 다산 선생은 "전에 저지른 허물을 다시 범하는

*　정약용 지음, 이지형 옮김,《논어고금주》, 사암, 2010, 621쪽.

것을 '이과'라고 한다."라는 주자의 말을 인용한 뒤, 당신이 연구한 '이'라는 글자의 용례를 근거로 하여, 그렇게 "말할 수 있겠는가?"라며 주자의 말을 신랄하게 비판했어.

캐순 샘! 다산 선생이 밝힌 '이과'와 '불이과'는 뭐죠?

"허물을 고치려는 마음"과 "허물을 고치지 않으려는 마음"이 혼재되어 있는 상태를 '이과'라 했고, "허물을 고치려는 마음"으로 가득 차 있는 상태를 '불이과'라 했어요. 이어지는 다산 선생의 문장을 계속 보도록 하죠.

인심人心은 오직 위태롭고, 도심道心은 오직 미미하다. 허물을 고치려고 하는 마음과 또 고치지 않고자 하는 마음이 인심과 도심에 양쪽으로 나뉘어 속해 있으니, 이것을 '이과貳過'라고 하는 것이다. 한 칼로 양쪽 가닥을 잡고 베어 버리는 데에 인색하지 말아야 하듯이, 다시는 한 터럭의 찌꺼기도 마음속에 남아 붙어 있지 않게 한 뒤에라야 바야흐로 '불이과不貳過'라고 할 수 있다.

뭉술 마음이 두 쪽으로 쪼개져 있지 않고 한결같은 상태를 유지할 때, '불이과'의 마음이라는 거고, 안회는 그런 경지에 있

* 정약용 지음, 이지형 옮김,《논어고금주》, 사암, 2010, 621쪽.

었다는 거구나.

캐순 쉽지 않은 경지네. 그 정도면 도통했다고 해야 하는 거 아
니야?

뭉술 도를 추구해서 공자에게 인정받을 정도이면, 그 경지에 이
르지 않았을까?

범식 그러니까, 안회지! 달리 공자의 후계자로 인정받았겠니?

샘 '이貳'라는 글자가 '두 마음'의 의미로 쓰인 예가 《서경》에
도 나와요. "임현물이任賢勿貳"가 그것인데요. '임금은 현명
한 사람에게 일을 맡기고 그에 대해 의심하는 이중의 마음
을 갖지 말아야 한다'는 뜻이죠. 이렇게 숱하게 나오는 용
례로 보아, 다산 선생의 해석 "안회는 두 마음으로 쪼개지
지 않았다."가 정곡을 찌르지 않았나 싶네요.

예수님도 두 마음을 품는 걸 경계하고 있어. 하느님을 섬
긴다면서도 돈을 섬기는 사람들에게 그것은 불가능하다며
이렇게 말씀하셨지.

아무도 두 주인을 섬기지 못한다. 한쪽을 미워하고 다른 쪽을
사랑하거나, 한쪽을 중히 여기고 다른 쪽을 업신여길 것이다. 너
희는 하나님과 재물을 함께 섬길 수 없다. (마태복음 6장 24절)

한 입에서 찬송과 저주가 나오는도다. 내 형제들아 이것은 마땅하지 아니하니라.(야고보서 3장 10절)

두 마음을 품은 자들아 마음을 성결하게 하라'(야고보서 4장 8절)

범식   정리하면 두 마음으로 쪼개져 있지 않고, 하늘이건 사람이건 원망하지 않는 이가 '배우기를 좋아하는 사람'의 태도라는 거구나.

캐순   배우기를 좋아하지 않으면 어떻게 될까?

   멍청하면서도 고집불통이 되지 않을까?

캐순   거기다 올곧음에 목숨을 거는 사람이라면?

뭉술   그건 생각만 해도 끔찍하다.

   여러분이 한 말을 꼭 그대로 공자님이 하셨어요.

공자가 말했다. "유야! 너는 여섯 가지 덕이 가질 수 있는 여섯 가지 폐단에 대해 들어 보았느냐? "아닙니다." "앉아라. 내 너에게 말해 주마. 어짊만 좋아하고 배우기를 좋아하지 않으면, 어리석게 되는 폐단이 있게 된다. 지식 갖추기만 좋아하고 배우기를 좋아하지 않으면, 방탕하게 되는 폐단이 있게 된다. 믿음만 좋아하고 배우기를 좋아하지 않으면, 잔인해지게 되는 폐단이 있게 된다. 곧은 것만 좋아하고 배우기를 좋아하지 않으면, 목을 조르 듯 하는 폐단이 있게 된다. 용맹함만 좋아하고 배우기를 좋아하 지 않으면, 난장판을 만드는 폐단이 있게 된다. 강함만 좋아하고 배우기를 좋아하지 않으면, 바람만 잔뜩 들게 되는 폐단이 있게 된다.(〈양화〉 8장)

뭉술 '배우기를 좋아하는' 게 얼마나 중요한지 이제 알겠다.

캐순 용기건 지식이건, 심지어는 어짊조차도 배우기를 좋아하 지 않으면 오히려 나쁜 일을 만드는 불쏘시개가 된다는 말 이 정곡을 찔렀다고 생각해.

범식 배우기를 좋아하는 품성이 이렇게 중요한데, 그 품성을 갖 춘 제자가 죽었으니! 스승으로서 절망스러웠을 것 같다.

그런데 말이야. 그런 안회를 주자는 너무 우습게 봤어. 곰 곰이 생각해 보면, "전에 잘못한 것을 다시 하지 않는 것"은 도 닦으며 사는 사람에겐 그렇게 어려운 경지는 아니잖아?

범식 나도 그 말에 동의!

뭉술 '불천노'와 '불이과' 말고 공자가 안회를 어떻게 생각했는 가를 또 알 수 있는 구절은 없나요?

샘 안회가 죽었을 때 공자가 어떤 심리 상태에 놓였는지를 알 수 있는 구절이 있어요.

안회가 죽었다. 공자가 외쳤다. "아, 하늘이 나를 죽였구나! 하늘이 나를 죽였구나!"(〈선진〉 8장)

뭉술   제자의 죽음이 공자 당신의 죽음으로 여겨졌구나!

  샘! 다른 제자의 죽음에서도 공자가 이런 표현을 쓴 적이 있나요?

샘   없습니다. 나이 차이가 몇 살 나지 않아 친구 같기도 했던 자로가 죽었어도, 심지어는 당신의 자식인 백어가 죽었어도 이렇게 비통해 하진 않았어요.

캐순   그렇다면 "하늘이 나를 죽였구나!"란 말이 그냥 수사가 아니라, 뭔가 깊은 의미를 띨 것 같지 않니?

범식   공자에게 자신의 정신적인 생명이 끝났다는 절망감이 엄습하지 않았을까?

캐순   자신의 정신을 잇고 또 발전시킬 사람이 죽어 버리면, 순간 자신도 죽었다는 느낌이 들겠지.

  아들 '백어'가 죽었을 땐 생물학적인 목숨이 끝났다고도 할 수 있잖아.

캐순   아들의 죽음이야 당연히 고통스럽지. 손자가 있다면 그래도 조금은 위로가 되겠지만 물론 그것도 비통함은 이루 말할 수 없겠지.

범식   백어에게 '자사'라는 아들이 있어. 《중용》의 저자로 알려진 사람, 그 자사가 공자의 손자야.

뭉술   그래서 공자의 혈통이 끊어지지 않았구먼. 정신적인 면에서는 다른 제자들도 있잖아?

캐순   다른 제자들이 안회의 빈자리를 결코 채울 수 없을 만큼 안회가 특출났다는 거지.

범식   샘! 안회도 공자에 대한 존숭심이 대단했나요?

샘   안회의 말을 직접 들어보죠.

    안회가 크게 찬탄하며 말했다. "우러러볼수록 높아만 지고, 뚫을수록 견고해지네. 앞에 있는 듯하여 바라보면, 홀연히 뒤에 계시는구나! 스승님께서는 차근차근 잘 이끄시어, 문文으로써 나를 넓혀 주시고 예로써 나를 다잡아 주셨네. 공부를 그만두려 해도 그럴 수 없어서 내 재주를 다해 보건만, 스승님의 도는 내 앞에 우뚝 서 있는 듯하구나. 따르고자 하나, 어디서부터 해야 할 줄을 모르겠구나!"(〈자한〉 10장)[10]

 '스승의 은혜는 하늘 같아서 우러러볼수록 높아만 지고 …….'

뭉술   아, 그 노래가 여기서 나왔나 보다. 샘! 정말 그런가요?

잘은 모르겠어요. 〈스승의 은혜〉는 강소천 작가의 시에 곡을 붙였는데, 가능성이 없지는 않겠지만 노래 2절과 3절에는 안회의 말이 더는 나오지 않으니 가사가 《논어》에서 유래했다고 보기는 힘들지 싶어요. 강소천은 시인 백석의 제자인데, 백석에게 더 배우기 위해 고등학교를 일부러 1년 유급했다고 하네요.

1937년 봄, 영생고보의 학교 분위기는 그야말로 최고조였다. 서고도 목사, 김관식 교장, 시인 김동명 그리고 백석, 백석의 수제자인 아동문학가 강소천 등이 학교에 있었다. 강소천은 아예 졸업을 1년 연기하면서까지 백석의 하숙집을 매일같이 드나들었다. 강소천은 학교의 정규 수업에는 아예 관심도 없었다. 백석의 집으로 찾아가 문학에 관한 이론이며 실기를 백석에게서 직접 배웠다. 또한 일찍 학교를 졸업하면 백석 선생과 헤어진다며 일부러 유급해 학교를 계속 다니며 매일같이 백석의 하숙집을 찾았다.

샘   백석도 강소천을 무척 아꼈다고 하는데, 강소천의 시집 《호박꽃초롱》에 백석이 쓴 축시 〈호박꽃초롱 서시〉를 보

*   송준 지음, 《시인 백석 1》, 흰당나귀, 2012, 347쪽.

면 알 수 있어요. 명시이니까 같이 보도록 하죠.

한울은

울파주 가에 우는 병아리를 사랑한다

우물돌 아래 우는 돌우래 를 사랑한다

그리고 또

버드나무 밑 당나귀 소리를 임내 내는 시인을 사랑한다

한울은

풀 그늘 밑에 삿갓 쓰고 사는 버슷 을 사랑한다

모래 속에 문 잠그고 사는 조개를 사랑한다

그리고 또

두틈한 초가지붕 밑에 호박꽃 초롱 혀고 사는 시인을 사랑한다

한울은

공중에 떠도는 흰 구름을 사랑한다

골짜구니로 숨어 흐르는 개울물을 사랑한다

그리고 또

* 　울파주 = 울타리, 돌우래 = 도르래, 임내 = 흉내, 버슷 = 버섯, 혀고 = 켜고.

아늑하고 고요한 시골 거리에서 쟁글쟁글 햇볕만 바래는 시인
을 사랑한다

한울은
이러한 시인이 우리들 속에 있는 것을 더욱 사랑하는데
이러한 시인이 누구인 것을 세상은 모라두 좋으나
그러나
그 이름이 강소천인 것을 송아지와 꿀벌은 알 것이다

범식　시 〈스승의 은혜〉는 강소천이 백석을 그리며 지었을 수도
　　　있겠다.

샘　　그럴 수 있지요. 하지만 강소천 시인이 백석을 그리워하며
　　　시를 썼다 하더라도 공개할 수는 없었어요. 그때 당시는
　　　강소천이건 누구건 백석에 대해 한마디도 할 수 없었으니
　　　까요.

뭉술　아니, 왜요?

샘　　백석이 북한에 살았어요. 언급하면 '국가보안법'으로 잡혀
　　　가 고문받기 십상이었거든요.

뭉술　그 정도로, 비참한 시절이었구나!

　　　그때 상황을 듣고 나니까, 〈스승의 은혜〉는 강소천이 스승

백석을 기리기 위해 지은 시라는 생각이 더 드네요.

캐순 백석과 강소천, 공자와 안회, 제자와 스승 사이가 참으로
아름답다.

15장

그 순간 그 자체를
즐기라니요?

제자인 자공이 물었다. "가난하지만 아첨하지 않고, 부유하지만 교만하지 않다면 어떻습니까?"

공자가 말했다. "괜찮지. 가난하지만 즐기고, 부유하지만 예禮를 좋아하는 것만은 못하지만."

자공이 말했다. "아! 시詩에 '자른 듯 갈아놓은 듯, 쪼은 듯 갈아놓은 듯'이란 구절이 그런 소리였군요."

공자가 말했다. "사 야! 이제 너와 시를 갖고 말할 수 있겠구나. 가는 것을 알려 주니 오는 것을 알려 주다니!†"

子貢曰, "貧而無諂, 富而無驕, 何如?" 子曰, "可也, 未若貧而樂, 富而好禮者也." 子貢曰, "詩云, '如切如磋, 如琢如磨', 其斯之謂與?" 子曰, "賜也, 始可與言詩已矣, 告諸往而知來者."

---

* 자공의 이름.

† 고저왕이지래자告諸往而知來者를 '가는 것을 알려 주니 오는 것을 아는구나'로 풀 수도 있다.

바로 앞장에서 공자가 "이러저러하게 사는 사람은 배움을 좋아하는 사람"이라고 말했고, 이어지는 장에서 "가난하지만 아첨하지 않고, 부유하지만 교만하지 않다면 어떻습니까?"라고 물었는데, 관계가 있을까?

뭉술 그런 사람이라면 '배우기를 좋아하는 사람'에 낄 수 있는 게 아니냐고 물은 것 아닐까?

캐순 자공 자신이 그렇게 살았다고 자부하고 있었나?

샘 자공의 물음이 자부심의 표현인지는 알 수 없지만, 사마천의 《사기史記》에 따른다면 자공은 충분히 괜찮게 살았어요. 가난해도, 부유해도 공자의 제자답게 잘 살았지요.

뭉술 그렇다면 자부심은 아니어도 객관적으로 자기를 나타냈고, 그런 삶을 평가받고 싶어서 물었다고 할 수 있겠네.

공자는 "괜찮은 삶"이라고 인정하면서도 더 나은 삶을 제시했어. '가난하되 즐거워하고 부자이되 예를 좋아하는 삶이, 가난할 땐 아첨하며 살지 않고 부자일 땐 교만하게 살지 않는 것보다 더 나은 삶'인 건 왜일까?

범식 삶을 적극적으로 대하는가, 소극적으로 대하는가에서 갈리는 게 아닐까?

뭉술 그렇지. 자공이 '하지 않는 것'을 언급하자, 공자가 '하는 것'을 말했으니까.

그건 그래. 적극적 태도가 좋지만, '너없이' 좋은 태도라고 할 수 있을까?《논어》맨 첫 장에서 봤던 "배우고 때때로(때에 맞춰) 익히면, 또한 기쁘지 아니한가? [뜻이 맞는] 벗이 멀리서부터 오면, 또한 즐겁지 아니한가? 사람들이 알아주지 않더라도 마음이 평안하면, 군자스럽지 않은가?"와 같은 삶을, 단순하게 적극적인 태도라고 할 순 없어서 그래.

범식　공자님이 말한 길은 적극적이지도 소극적이지도 않다는 생각이 들긴 한다.

뭉술　적극적이지도 소극적이지도 않은 길은 어떤 길이라고 해야 하지?

샘　'중용의 길'이라고 할 수 있지 않을까요. 공자님의 말씀을 따라가 보죠.

　　공자가 말했다. "중용의 길을 가는 사람과 함께할 수 없다면, 반드시 '광견狂狷'한 사람과 함께할 것이다. '광狂'한 사람은 진취적인 이요, '견狷'한 사람은 어떤 어려움이 닥치더라도 하지 말 것은 하지 않고 견디는 이다.(〈자로〉 21장)

뭉술　진취적인 게 왜 문제지?

캐순　때와 상황을 고려하지 않고 사람들을 오직 앞으로 떼미는

데만 힘을 쏟으면 어떤 일이 발생할까?

범식 　사람들은 그 순간에서 기쁨을 누리지 못하고, 고지가 저긴데 고지가 저긴데 하며 헐레벌떡 뛰어가기만 하겠지.

캐순 　느끼고 누려야 할 삶은 그 와중에 다 망가져 버리고.

뭉술 　"가난하지만 즐기고, 부유하지만 예를 좋아하는 것"은 진취적인 태도도, 소극적으로 지키기만 하는 태도도 아닌 건 분명해. 어떻게 그렇게 살 수 있지?

　가난과 부유함이 적극적으로 의식되고 있는가, 그렇지 않는가에 달려 있다고 생각해. 이 지점에서 자공의 태도와 결정적으로 갈려. 가난할 땐 아첨하지 않고, 부자일 땐 교만하지 않았다고 말을 할 땐, 그 사람이 아직도 가난과 부유함에 매어 있음을 역설적으로 보여 주고 있거든.

캐순 　가난하되 즐거워한다고 했는데 무엇을 즐거워할까?

뭉술 　가난을 즐거워할 수 있나?

범식 　가난을 즐거워하는 도리는 최소한 유학엔 없다고《맹자씨, 정의가 이익이라고요?》에서 분명하게 확인했잖아?

　그렇지. 유학은 경제가 삶의 기본 토대임을 결코 의심치 않고, 일반적인 상황에서 유학은 절제는 말하지만 금욕은 결코 말하지 않는다는 것도 확인했어.

뭉술 　하지만 가난이 삶을 구차하게 한다는 것도 유학은 충분히 알고 있잖아?

캐순 "가난하되 즐거운" 까닭은 가난에 사로잡히지 않는 경지에 올랐기 때문 아닐까?

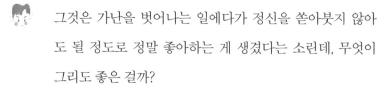

그것은 가난을 벗어나는 일에다가 정신을 쏟아붓지 않아도 될 정도로 정말 좋아하는 게 생겼다는 소린데, 무엇이 그리도 좋은 걸까?

범식 사람마다 다르지만, 가치 있고 뜻깊은 것이어야겠지. 최소한 자기 자신에겐!

캐순 사람에게 가장 좋은 것을 유학은 도, 불교는 불성佛性, 기독교는 거룩한 영이라고 하지.

뭉술 도, 불성, 거룩한 영이 자기 안에 있음을 참으로 깨친 사람이라면, 가난이 불편하기는 해도 가난 때문에 즐거움이 사라지지는 않겠다는 생각이 든다.

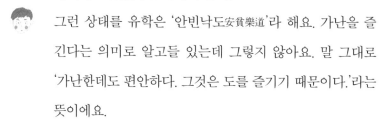

그런 상태를 유학은 '안빈낙도安貧樂道'라 해요. 가난을 즐긴다는 의미로 알고들 있는데 그렇지 않아요. 말 그대로 '가난한데도 편안하다. 그것은 도를 즐기기 때문이다.'라는 뜻이에요.

뭉술 진정한 종교인이고 성직자라면 안빈낙도일 수밖에 없겠다.

캐순 공자님의 그런 말씀을 듣고서, 자공이 '자른 듯 갈아 놓은 듯, 쪼은 듯 갈아 놓은 듯[여절여차 여탁여마如切如磋, 如琢

如磨]'이라는 시 구절의 의미를 깨닫는 게 나에겐 인상적이야.

뭉술　공자님의 말씀이 어떻게 '자른 듯 갈아 놓은 듯, 쪼은 듯 갈아 놓은 듯'하다는 말과 연결되지?

범식　두 말 모두 더 높은 경지로 나아가라는 뜻이라는 거지. 옥돌을 자른 다음에 그걸 갈아서 아름답게 다듬고, 마찬가지로 돌덩이를 쪼아 낸 다음에 그걸 갈아서 만질만질하게 만든다는 소리이니까.

'여절여차 여탁여마'에서 '여'를 줄이면 '절차탁마'잖아요. '설차탁마 대기만성'이란 말이 그렇듯, 쉬지 않고 끊임없이 노력하여 큰 그릇이 된다는 뜻이에요. 하지만 공자와 자공의 문답에선 그 뜻만이 아니에요. '자른 듯 갈아 놓은 듯, 쪼은 듯 갈아 놓은 듯' 시를 짓고 그것을 노래할 때, '그 자체'로 즐겁지 않나요? 그 순간 그 자체로 즐겁다는 뜻도 담뿍 담고 있어요.

뭉술　노래하는 그 순간 기쁘고, 그것만으로 즐겁지요. 다른 무엇을 위해서가 아니라.

캐순　아하! 도 속에서 살고, 예에 따라 사는 게 칭찬이나 다른 무엇을 위해서가 아니란 말이구나!

범식　그런 삶 그 자체가 즐겁고, 그 순간이 기쁘다는 의미였어.

'자른 듯 갈아 놓은 듯, 쪼은 듯 갈아 놓은 듯'하다는 시 구절에 이런 심오한 뜻이 있었다니!

샘 드디어 여러분과 시를 가지고 놀 수 있게 되었네요.

범식 이 말씀 역시 공자님이 자공에게 해준 거잖아요!

🙂 자공이 그만한 경지에 이르렀다는 뜻으로 하신 말인지는 알겠어. 그런데 "가는 것을 알려 주니 오는 것을 알려 주다니!"는 언뜻 이해가 안 돼. 제자가 스승을 가르쳤다고?

캐순 보통은 이상할 게 없지. 하지만 다른 누구도 아닌 공자를 가르친다는 건 좀 어색해. 그 순간에 공자가 무척 기뻐하는 것도 그렇고.

범식 그만큼 공자가 큰 사람이었던 거지. 제자와 스승이 주거니 받거니 하며 서로를 깨우치는 장면이 아름답잖아? 교학상 장敎學相長이 바로 이런 거지.

샘 공자는 제자가 자신을 깨우쳐 주는 것을 아주 기뻐했어요. 공자보다 44세나 어린 제자의 말에 "나를 일으키는 사람은 상(제자 이름)이구나!"(〈팔일〉8장) 라고도 했고, "내가 안회와 더불어 하루 내내 대화했는데 내 말에 토를 다는 게 하나도 없어 안회는 멍청하다고 여겼다. 그가 물러나 사사로이 있는 때를 살펴보니 내 말에 꽃을 피워 내고 나를 개발해 냈다. 안회는 멍청하지 않았다"(〈위정〉 9장) 며 즐거워했거든요. 그 뿐만 아니라, 공자는 "나는 얼마나 행운아인가! 내가 잘못한 일이 있으면, 반드시 내 잘못을 지적해 주니"(《술이》30장) 라고 하신 적도 있어요.

범식 공자는 역시 큰 산이야!

캐순 자공 역시 그 스승의 그 제자답고.

스승의 가르침을 단지 외우는 게 아니라 그것에 깨우침을 덧붙여서 스승에게 다시 말을 보내는 제자의 모습이 내 모습이길 …….

16장

나를 닦는 일
다음으로
중요한 것은요?

공자가 말했다. "다른 사람이 나를 알아주지 않는다고
걱정하지 말고, 내가 다른 사람을 몰라보는 것을 걱정해
라."

子曰, "不患人之不己知, 患不知人也."

뭉술	와우, 드디어 《논어》 첫 번째 편 마지막 구절에 이르렀네.
범식	"다른 사람이 나를 알아주지 않는다고 걱정하지 말라"는

말은 실상 이 〈학이〉 편 첫 장에서 한 말의 변주라는 생각
이 든다. "사람들이 알아주지 않더라도 마음이 평안하면,
군자스럽지 않은가?" 첫 번째 편을 끝내면서 이 편 첫째 장
을 변주한 것, 참으로 교묘하네.

 교묘한 점은 또 있어요. 군자스런 사람이 걱정할 게 없을
까요? "다른 사람을 제대로 알아보는 것"이 그것이 아닐까
요? 그런데 이 구절은 두 번째 편 〈위정爲政〉을 이끌어 낸
다고 할 수 있어요. '위정'의 고갱이는 '사람을 알아보는 것'
즉 '지인知人'이니까요. 《논어》 편집자가 다음 편과 이어지
게 배치한 거죠. 뿐만 아니라, 샘의 생각에 편집자는 일부
러 〈학이學而〉 편 다음에 특별히 의미를 두고 〈위정〉 편을
넣어 《논어》를 편집했어요. 유학은 한마디로 '수기안인修己
安人' 즉 '자신을 닦아서 다른 사람을 편안케 하는 것'이거든
요. 〈학이〉는 '수기'에 해당하고, 〈위정〉은 '안인'에 해당하
니까, 유학의 본령을 첫 번째와 두 번째 편에 배치한 거죠.
물론 〈학이〉 편에 '자신을 닦는 것'만 나오지 않았듯이, 〈위
정〉 편에도 '다른 사람을 편안케 하는 것'만 나오지는 않아
요. 그것에 대해선 《논어》 단단히 읽기' 두 번째 책에서 깊

게 들여다보는 게 어떨까요? 그게 편집자의 숨은 의도를

살려 주는 길이라는 생각도 드니까요.

뭉·캐·범식 좋습니다.

① 《논어》〈학이〉 편 첫 구절에 즐거운 일로 멀리서 벗이 찾아오는 것을 말합니다. 여기서 벗은 놀랍게도 흔히 아는 친구나 동창이 아니라고 합니다. 그리고 "인문으로 모여 벗이 되고, 그렇게 이룬 벗들은 서로가 어질게 살도록 돕는다"라는 〈안연〉 편의 말씀을 들어 벗의 의미를 또렷하게 합니다. 그러면서 책에는 벗이 된 여러 선비들의 이야기를 소개합니다. 이렇게 벗이 된 관계를 분류해서 정리해 보세요. (26~33쪽)

② 만약 어버이가 잘못을 하면, 자식에게 잘못을 따르라고 요구한다면, 나아가 화까지 낸다면 여러분은 어떻게 해야 할까요? 이와 관련해서 책에는 공자, 포함, 정약용의 말과 순임금의 결혼 이야기를 인용합니다. 그분들의 말을 서로 비교해 보고, 내가 알고 있는

'효'와 유학에서 말하는 '효'가 어떻게 다른지 말해보세요. (65~69쪽)

③ 왜 역사를 공부할까요? 공자는 왕조가 교체될 때 '덜어 내고 보탠 것'이 있고, '여전히 남아 있는 것'이 있다고 말합니다. 또《예기》를 인용하여, 바꿔야 할 게 있고, 바꾸지 말아야 할 게 있다고 말합니다. 이렇게 역사에서 바뀌지 않는 것을 알면 미래를 알 수 있다고 합니다. 그런데 대화를 나누는 세 친구는 '바꾸지 말아야 할 것'도 요즘 삶에 비추어 보면 바꿔야 한다고 의견을 내놓습니다. 이 의견에 찬성하십니까? (98~104쪽)

④ 왕은 어떤 존재일까요? 유학은 '천명설'을 이야기하고, 유럽의 절대 왕정 시대 사상가들은 '왕권신수설'을 주장합니다. 천명설은 한 나라를 다스리려면 하늘로부터 신임을 얻어야 한다는 것이고, 왕권신수설은 왕의 권력은 신으로부터 받았다는 사상입니다. '천명설'과 '왕권신수설'의 공통점과 차이점을 찾아보세요. (114~118쪽)

⑤ 군자가 되려는 사람은 고루하지 않고 중후한 덕을 갖춘 사람이라고 합니다. 중후한 사람이 되는 방법으로 장례와 제사에 참석하라고 말합니다. 왜 그럴까요? (141~155쪽)

⑥ 공자는 '상가집 개 같다'고 불릴 정도로 정치에 참여하고 싶어 했습니다. 유세객들도 힘센 정치인 주변을 기웃거립니다. 책에서는 공자와 유세객이 겉은 비슷한데 속은 완전 딴판이라고 말합니다. 어떤 점이 완전 딴판일까요? (159~164쪽)

⑦ 살면서 우리는 서로 뭉쳐야 할 때도 있고 각자 흩어져 떨어져 있어야 할 때도 있습니다. 그런데 뭉치기만 하거나 흩어져 있기만 하면 어떻게 될까요? 세 친구들은 이를 화합과 절제, 악樂(음악과 춤)과 예禮(법과 질서)에 대한 말씀들을 살펴 그 조절이 중요함을 알아갑니다. 여기서 화합이 지나친 역사 사례로 '나치의 병사들', '중국의 홍위병', '일본의 사무라이', '기독교의 십자군'을 들고 있습니다. 이들 중 하나를 골라 '지나친 화합'이 빚은 결과를 알아봅시다. (175~180쪽)

⑧ 공자는 제자 안회가 자신보다 배우기를 좋아한다고 하면서, "안회는 노怒를 옮기지 않았고[불천노不遷怒], 마음을 둘로 가지는 잘못을 저지르지 않았다[불이과不貳過]"고 말합니다. 배우기를 좋아하는 사람의 태도로 소중한 말씀인 '불천노', '불이과'에 대해 주자와 다산과 이수태 선생 이렇게 세 분의 해석을 서로 비교해 보세요. (198~210쪽)

《논어》와 《맹자》에 나타난
'개인'과 '개인 이념'

15, 16세기에 유럽인이 '세계와 개인을 발견'했다는 말

'개인'은 서구 근대성의 산물이라고 하는 말이 아직도 들린다. 막스 베버가 《종교사회학논총》 '저자 서문'에서 "서구, 오직 서구에서만" 근대성이 형성되었다고 말함으로써 그 정점을 찍은 말이다. 1세기가 지난 지금, 이 말의 위력은 현저히 약해졌다. 2009년 아이젠슈타트는 '다중적 근대성'을 말하며 베버의 말을 이렇게 비판했다.

'다중적 근대성'이라는 용어의 가장 중요한 함의 중 하나는 근대성과 서구화는 동일하지 않다는 점이다. 서구적 유형의 근대성은 역사적 전례를 가졌으며 다른 국가에 기본적 참조점이 되기는 하지만 유일한 '진정한' 근대성은 아니다.

이렇듯 베버의 말은 비교역사사회학자들이 내세우는 '다중' 근대성론, 문화 이론과 인류학자들이 치켜든 '대안' 근대성론* , 김상준 교수가 밝힌 서구의 '팽창 근대'와 동아시아의 '내장內張 근대'론† ‡에 의해 점점 그 힘을 잃어 가고 있다. 그뿐만 아니라, 서구 계몽주의가 공자 철학의 지대한 영향 속에서 이루어졌다는 게 방대한 자료에 근거해 속속들이 밝혀지고 있다.§ 사실 공자와 맹자는 유럽인이 근대성의 금과옥조로 내세우는 '개인 이념'을 많은 부분 선취하고 있다. 그런데도 베버는 왜 '서구만이 개인을 발견했다'고 말했을까?

문제는 베버의 휘황찬란한(?) 말에 눈이 멀어 버린 우리다. 21세기를 사는 지금도 베버의 말에서 헤어나지 못한 사람이 많을 정도로 우리는 그 말에 짓눌렸다. 과거에 동아시아엔 '개인 이념'이 없었고, 서구로부터 그것이 밀려온 뒤에야 비로소 우리도 그것을 갖게 된 것처럼 말하는 사람이 아직도 있지 않은가? 왜 그런가? 우리

---

* 　고은강 지음, 《선진 철학에서 개인주의의 재구성》, 눌민, 2020에서 재인용.

† 　김상준 지음, 《맹자의 땀, 성왕의 피》, 아카넷, 2012, 35쪽.

‡ 　김상준 지음, 《붕새의 날개, 문명의 진로》, 아카넷, 2021.

§ 　황태연 지음, 《공자 철학과 서구 계몽주의의 기원》, 청계, 2019.

자신을 몰라서다. 《논어》와 《맹자》가 서구가 자랑하는 '개인'과 그 이념을 상당 부분 선취하고 있다는 것을 알아야 할 까닭이다.

20세기 초에 나온 베버의 말은, 19세기 중반에 미슐레와 야콥 부르크하르트의 말에 기원을 두고 있다. 르네상스 때 "세계와 개인을 발견"했다는 말이 그것이다. 미슐레와 야콥 부르크하르트는 '르네상스 개념'을 '학술적'인 의미를 갖는 용어로 만든 사람이다. 왜 19세기 중반에 갑자기 "세계와 개인을 발견"한 르네상스란 말과 그 언명이 나왔을까? 19세기 중반은 유럽인에겐 특별하다. 유럽이 그들의 땅보다 14배가 넘는 아메리카와 아프리카를 침탈·약탈하고, 인도 및 동남아시아를 약탈한 뒤에, 서구의 침탈로부터 마지막까지 남아 있던 중국조차 아편 전쟁을 일으켜 무릎을 꿇린 때이다. 그때 그 발언이 튀어나왔다. 서구 문명만이 '유일한 문명'인 듯 기고만장해 하던 때 나온 말인 것이다.

하지만 이 유일한 문명(?)의 민낯이 드러났다. 1·2차 세계 대전이 그들의 몽롱한 정신을 깨어나게 했다. 1·2차 세계 대전이 보여준 것은 온통 무자비이고, 전면적인 폭력이었다. 그들은 경악했다. 이런 악마적인 짓은 이전에도 그들이 늘 저질러 왔지만, 이때에야 본 것이다. 그들은! '유일한 문명'이 이번에는 자신들 내부까지 초

---

* 야콥 부르크하르트 지음,《이탈리아 르네상스의 문화》, 한길사, 2003.

토화했기 때문이다. 비로소 이들은 자신들의 얼굴이 어떻게 생겼는지를 똑똑히 봤다. 경악한 채 오만한 자신들의 발언에 대해 반성하기 시작했다. 반성한 결과물 중 하나인 "유럽은 어떻게 만들어졌는가" 총서에 이렇게 또렷이 밝혔다.

"르네상스를 '세계와 인간의 발견'으로 일반화하는 것은 사실 근거가 없다."

이 발언은 '단지' 한 학자의 발언이 아니다. 이 총서를 내는 의도와 출판 방식이 그것을 웅변한다. 총서 편집자는 다름 아닌 현대 서양 역사학의 최정상에 있는 '자크 르 고프'이다. 그는 총서 서문에 "유럽이 건설되고 있다"며, 이 거대한 도전은 "오직 과거를 고려할 때만 제대로 응전할 수 있"고, "유럽의 과거는 오직 세계 전체를 염두에 둘 때만이 제대로 이해될 수 있다" 라고 했다.

반성을 통해 새로운 "유럽을 건설"하려는 거창한 목표를 가진 총서이기에, 출판 방식도 특별하다. 유럽의 주요 다섯 국가에 있는 다섯 출판사가 함께 발의하고, 함께 진행해, 동시에 출판했다. 글을

---

*   아론 구레비치 지음, 이현주 옮김,《개인주의의 등장》, 새물결, 2002, 266쪽.

†   조셉 폰타나 지음, 김원중 옮김,《거울에 비친 유럽》, 새물결, 1999, 9쪽.

쓰는 자세 역시 결기가 넘친다. '감추지 않을 것'을 약속했다. 그럴 때만 '유럽은 건설된다'고 믿기 때문이리라.

이 '유럽은 어떻게 만들어졌는가' 총서는 언어와 국적이 다른 다섯 출판사(뮌헨의 백, 옥스퍼드의 바질 블랙웰, 바르셀로나의 크리티카, 로마의 라테르차, 파리의 르 쇠유)의 공동 발의로 시작되었다. 이 총서는 유럽의 진화 과정을 보여 주는 것을 목적으로 한다. 우리는 이 과정에서 유럽이 거둔 여러 승리를 보여 주면서 동시에 유럽이 겪은 어려움도 감추지 않을 생각이다.

총서 중 하나인 《개인주의의 등장》에서, 그들은 르네상스를 '세계와 인간의 발견'으로 일반화했던 게 얼마나 근거가 없는 소리였던가를 천명한 것이다.

야콥 부르크하르트, 칼 람프레히트를 비롯한 많은 학자들은 유럽 문화에서 인간 개인성에 대한 관심이 처음 등장한 것은 르네상스 시기라고 주장한다. …… 르네상스를 '세계와 인간의 발견'으로 일반화하는

---

* 조셉 폰타나 지음, 김원중 옮김, 《거울에 비친 유럽》, 새물결, 1999, 10쪽.

것은 사실 근거가 없다.

깜짝 놀랄 말이지만, 《논어》와 《맹자》의 토대는 개인주의다. 개인주의(individualism)라는 용어는 서양에서 만들었지만, 그 내용은 서양의 학자들 간에도 편차가 크다. 하지만 개인과 개인주의의 이념을 정초하는 데 핵심적인 역할을 한 사람들의 견해를 살핀다면 그 의미가 대강은 드러난다. 서양인을 중세의 종교에서 벗어나게 해 준 마르틴 루터, 부르주아 이념을 정초한 존 로크, 자본주의 경제를 정당화한 애덤 스미스, 미국 민주주의의 이념을 밝힌 토크빌, 서양 철학의 집대성자인 임마누엘 칸트, 현대 서양 철학의 중심인 푸코는 개인과 개인주의 이념사에서 빼놓을 수 없는 사람들이다. 이들이 생각한 개인 또는 개인주의가 공자·맹자의 그것과 얼마나 닮았는지 살펴보자.

토크빌이 원했던 개인과 공자가 바랐던 개인

학술적인 맥락에서 개인주의라는 말을 맨 처음 확립하고 그 용어에 무게를 부여한 사람은 토크빌인데, 《논어》와 《맹자》는 그것을

---

*   아론 구레비치 지음, 이현주 옮김, 《개인주의의 등장》, 새물결, 2002, 266쪽.

선취하고 있다. 토크빌이 미국 시민들에게 '바랐던' 개인과 개인주의의 모습을 공자와 맹자 역시 그 시대 사람들에게 '바라고' 있기 때문이다. 토크빌은 미국인들의 문제를 지적했다. 공적인 영역에서 물러나, 사적인 영역이나 자기 내면에만 머물러 있으려는 그들의 태도를 콕 짚었다. 그는《미국의 민주주의》2권에서 이렇게 말했다.

시민 각자는 자신과 비슷한 사람들의 집단인 대중으로부터 떨어져 나와 가족과 친구를 중심으로 하는 영역에 머물고자 한다. 그리고 자신만의 작은 사회를 만든 다음에는 기꺼이 전체 사회는 그 자체로 알아서 굴러가도록 방기한다.

토크빌은 이러한 시민은 결국 자기 자신을 "완전히 고독 속에 가두고 말 것"이라고 우려했다. 그가 원했던 개인은 자신과 가족 친구에만 몰두하는 것이 아니라, 공적인 세계로 나아가 가치를 실현하는 사람이었다. 즉, 공적 가치에 헌신하는 개인이었다. 이런 개인은 공자와 맹자가 바랐던 사람이기도 하다. 유학의 이념인 '수신제가치국평천하'와 '수기치인'이 그 증거다.

토크빌의 이런 바람은 '보편적이고 이성적인 존재'로서의 인간

*　앨런 라이언 지음,《정치사상사》, 문학동네, 2017, 995쪽에서 재인용.

관을 전제한다. 최소한 인간 누구나 '잠재적'으로는 그렇게 될 가능성을 가진 존재라고 생각했을 때 그런 주장을 펼 수 있기 때문이다. 이런 인간관을 바탕으로 토크빌과 그 시대 이념인 계몽주의는 '개인주의'를 내세웠다. 유학 역시 보편적이고 이성적인 존재로서의 인간관을 표명했다. "사람이라면 누구나 어진 삶을 살 수 있다"라는 공자의 말이 그것이다. '어진 삶'보다 더 이성적인 삶은 없다.

> 어짊은 멀리 있는가? 내가 어진 삶을 살려고 하는 그 순간, 어짊은 이르러 있다.(〈술이〉 29장)

어진 삶을 위해 공자는 '배움'을 치켜들었다. 간혹 천성적으로 어질게 살아가는 사람이 있지만, 대부분의 사람은 잠재적으로 타고난 '어짊'을 현실화하려면 도움이 필요하다. 공자가 생각한 배움의 목적은 어짊이 인간의 본성임을 '알아' 그렇게 '사는' 것이다. 《논어》의 시작을 누구나 "배우고 때로 익히면 …… 군자스럽지 아니한가?"로 연 다음, '어진 삶'의 기본(근본)이 무엇인지를 밝히는 것으로 이은 까닭이다. '누구나 군자가 될 수 있다'는 표명은 보편적이고 이성적인 존재로서의 인간 표명이고, 유럽의 계몽주의가 표명한 개인주의의 정수이다. 이런 성취에 이르는 데는 천재로 태어났든 둔재로 태어났든 상관없다고 공자는 말했다. 둔재든 천재든

'[계몽저] 앎'에 이를 수 있고, 그렇게 된다면 그들 사이에 차이는 없다고 했다.

> 공자가 말했다. " …… 어떤 사람은 나면서부터 알고, 어떤 사람은 배워서 알고, 또 어떤 사람은 둔하게 태어났으나, 앎에 이르게 된다. 앎에 이르렀다는 점에서 이들 모두는 같은 존재이다." 《중용》 20장)

루터의 '만인 사제설'과 개인

유럽인이 개인주의의 이념을 가질 수 있었던 중요한 계기 중 하나로 마르틴 루터의 '만인 사제설'을 든다. 이전까지는 사제의 중개를 통해서만 근원적 존재인 '신'을 만날 수 있다고 여겼는데, 루터는 '누구나 직접 신과 소통할 수 있다'고 표명함으로써, 개인의 존엄성을 분명히 했다. 만인 사제설의 이론적 뒷받침을 받아, 유럽인은 '비로소' 누구나 스스로의 눈과 머리로 성경을 읽어도 탈이 없게 되었다. 그런데 유학은 공자 때부터 늘 그랬다. '만인 사제설'에 대응하는 공자의 생각을 말한다면, '만인 군자설'이다. 맹자는 한 술 더떠 '만인 성인설萬人聖人設'을 드높이 세웠다. 유학사에서 이것이 의심받은 적은 한 번도 없다. 공자는 말했다.

'성誠' 즉 진실무망한 것은 하느님의 길이요, '성誠으로 나아가는 것' 은 사람의 길이다. (《중용》 20장)

맹자는 말했다.

그의 마음을 다하는 사람은 그 본성을 알게 되고, 그 본성을 아는 사 람은 하늘을 알게 된다.(〈진심〉 상 1)

이런 사상에 입각해 맹자는 "누구나 순임금과 같은 성인聖人 즉 거룩한 사람이 될 수 있다"라고 외쳤다. 세 번이나!

조나라 군주의 동생인 조교가 물었다. "사람마다 요·순이 될 수 있 다고 하셨는데, 그런 일이 있으십니까?" 맹자가 말했다. "그렇습니 다."(〈고자〉 하 2장)

맹자가 말했다. "어찌 요·순이 일반 사람과 다르단 말인가? 요·순도 일반 사람과 같은 존재일 뿐이다."(〈이루〉 하 32장)

순임금은 어떤 사람이고, 나는 또 어떤 사람인가? 그처럼 사는 사람 이라면 그와 같은 사람인 것이다.(〈등문공〉 상 1장)

공자와 맹자의 말보다 개인주의를 더 분명히 천명할 수는 없다. 서양인들이 마르틴 루터가 밝힌 '만인 사제설'과 그 시기에 그려졌던 그림을 내세우며 그때에야 개인주의를 발견한 양 말하는데, 서양은 그랬을지 몰라도 이렇듯 유교 문명의 관점에선 어림도 없는 소리다. 게다가 루터가 "모두가 사제다"라고 했지만, 여성도 사제가 될 수 있다고 여겼는가는 불분명하다.

조선의 여인은 "여성도 스스로 성인이 될 수 있다"라고 천명했고, 조선의 남정네들도 그 말을 전폭적으로 인정했다. 임윤지당은 스스로 태평성대를 이룰 것을 기약했다. 그분은 "…… 흉악한 것들 없애면 순임금의 해가 중천에 떠오를지니 / 태평성대 쭉 이어지고 활짝 펴리!"라는 글을 칼에 새겨 차고 다니기까지 했다. 그러고선 그 글의 의미를 이렇게 밝혔다.

무릇 사람의 본성은 모두 선한데도 요·순·주공·공자가 될 수 없는 것은 왜인가? 사사로운 욕심이 선한 본성을 해치기 때문이다. 사사로운 욕심을 잡도리할 수 있으면, 하늘의 이치[天理]가 저절로 사람 마음에 있게 될 것이다. 그러니, 나 역시 요·순·주공·공자가 될 수 있다. …… 혈기의 용기가 물러나면, 하늘의 이치와 올바름에서 나오는 용기

---

* 이 말의 진실성이 의심스럽거나 당혹스럽다면, 이양호가 지은 《최랑이 이생을 엿봤다니까》 4~7, 215~252쪽을 보기 바란다.

가 저절로 나온다. 이것을 기르면, 날카로운 검이 저절로 생겨, 사사로운 욕심이 감히 그 사이에 발을 들여놓지 못한다. 마음 씀씀이, 몸의 움직임이 다 천리天理의 작용이니, 요·순·주공·공자가 곧 나에게 있게 된다. 기이하고도 신비롭도다. 시퍼렇게 날선 검이여! 이에 칼에 글을 새겨 스스로 경계한다. 《임윤지당 유고》,〈칼에 새긴 글〉)

'가치와 진리의 근원'을 비로소 사람에게서 찾은 서양 근대

루터가 존엄한 존재로서의 개인을 말했지만, 지극히 제한적이었다. 계시 신앙의 한계 안에서 개인을 주장했을 따름이다. 그의 금과옥조인 "오직 성서", "오직 은혜", "오직 믿음"은 그 사실을 단적으로 알려준다. 서양 사회는 과학 혁명과 계몽주의를 거친 뒤에야 비로소 불완전하나마 '가치와 진리의 근원'을 사람에게서 찾을 수 있었다. 이러니 서양인들이, 마치 근대에 개인이 탄생한 것처럼 말한다 해도 이상한 일은 아니다. 서구 근대 이성은 '계약설'을 설정함으로써 개인이 세계의 기본임을 분명히 할 수 있었다.

　근대 부르주아 사회를 여는 데 있어 가장 중요한 사상가인 존 로크의 개인주의는 이렇다. 개인은 자신의 재산과 안전을 지켜 달라

＊　계몽주의의 집대성자인 칸트는 세계를 현상과 물자체로 분리하고, '물자체'는 인간의 이성으로는 접근 불가능하다고 하여 신의 고유한 영역을 따로 남겨 두었다.

는 꼬리표를 달아 자신의 자연권을 국가의 통지자에게 위임했다는 것이다. 만약 통치자가 계약을 지키지 못한 경우, 개인들은 계약을 취소하고 통치자를 자리에서 끌어내릴 수 있다고 했다.

행정부나 입법부가 그들의 손에 권력을 장악하고 인민을 노예로 삼 거나 파멸시키고자 할 때, 입법부와 인민 사이에 어떠한 재판관도 있을 수 없는 것과 마찬가지이다. …… 통치자들은 인민이 결코 그들의 수중 에 위임한 바 없는 권력을 행사함으로써, 그들에게 그렇게 할 권리가 없는 것을 행하기 때문이다. 일단의 인민이나 일개 개인이 그들의 권리 를 박탈당했거나 정당한 권리가 없는 권력의 행사에 직면해 있지만 지 상에 호소할 수 없는 경우, 그들은 충분히 중요한 이유가 있다고 판단 하면 언제나 하늘에 호소할 자유가 있다.

지독한 '왕권신수설'을 깨뜨리는 쾌거다. 그런데 로크의 이 사상 은 공자와 맹자가 말한 '왕과 백성 사이에 지켜져야 할 상호성'을 닮았다. 공자는 왕이 '어짊'에 바탕하여 '장중함'으로 인민을 대해 야 한다고 했다. 그렇지 않으면 인민들이 왕을 공경하지 않을 거라 며, 왕과 인민의 관계가 상호적임을 분명히 했다.

* 존 로크 지음, 강정인 옮김, 《통치론》, 까치, 1996, 159쪽.

[왕이 인민을] 어질게 대하더라도 장중하게 대하지 않으면, 인민은 그를 공경하지 않는다.(〈위령공〉 32장)

놀랍게도 공자는 이 정도에서 그치지 않았다. 왕이 정치를 잘해서 백성의 신임을 받아야 한다고 했다.

공자는 말했다. "나라를 다스림은 이래야 한다. 맡은 일을 공경히 하여 인민들에게 신임을 얻어야 한다. 재물을 쓸 때는 절도에 맞게 해서 인민을 사랑해야 한다. 인민에게 시켜야 할 일이 있거든 적절한 때를 가려서 시켜야 한다."(〈학이〉 5장)

백성이 보기에, 왕의 정치가 미덥지 못하면 어떻게 해야 하는가? 공자와 맹자는 세 가지 길을 제시했다. 우선은 잘못을 지적해 왕으로 하여금 바른 정치를 펴게 가르쳐야 한다.

제자인 자로가 임금 섬기는 것에 대해 묻자, 공자가 말했다. "속이지 않아야 한다. [임금이 잘못하거든] 임금을 침범한다는 느낌이 들 정도로 맹렬하게 잘못을 지적해야 한다."(〈헌문〉 23장)

그렇게 지적하는데도 왕이 말을 안 들으면 어떻게 해야 하는가?

왕과 관계를 끊고 산다. 아니면 그 나라를 떠나 이민을 가서 산다. 그도 저도 아니면, 혁명을 일으켜 왕이나 왕조를 갈아치우는 길이 있다고 맹자는 말했다. 이른바 맹자의 '혁명론'이다. 맹자는 제선왕에게 이렇게 말했다.

임금이 크게 잘못하면 잘못을 지적해야 합니다. 반복해서 지적하는데도 듣지 않으면, 왕을 쫓아내야 합니다.(〈만장〉 하 9장)

맹자가 이렇게 과감하게 말할 수 있었던 '사상적인' 근거는 무엇인가? 왕이란 인민을 잘 돌봐야 하는 임무를 수행하는 존재일 뿐이라고 여겨서이다. 왕이 임무를 잘 수행하지 못하면 어떻게 해야 하는가? 그는 비유를 들어 '제나라 선왕에게' 이렇게 말했다.

"왕의 신하 중에 초나라에 사신으로 가면서, 친구에게 자기 처자식을 돌봐 달라고 부탁하고 떠난 사람이 있다고 여기십시오. 초나라에서 돌아와 보니 처자식이 모두 추위에 떨고 굶어 죽게 생겼다면, 그를 어떻게 하시겠습니까?"
왕이 말했다. "그런 자는 버려야지요."
맹자가 말했다. "장수가 병사를 다스리지 못한다면 어떻게 하시겠습니까?"

제나라 선왕은 말했다. "그런 장수는 파면시켜야지요."

맹자가 말했다. "나라가 잘 다스려지고 있지 않다면, 어떻게 해야겠습니까?"

왕은 좌우를 둘러보며 딴청을 했다.(〈양혜왕〉 하 6장)

이것이 공자·맹자가 생각했던 왕과 인민 간의 상호성이다. 로크의 계약설에서 그리 멀지 않다. 물론 로크는 공자·맹자보다 2000여 년 뒤의 사람이기에, 그의 책엔 인민의 권리가 훨씬 세세하고 체계적으로 잘 나와 있다. 하지만 개인과 개인주의에 대한 표명이란 관점에서 보면 질적으로 둘은 같은 차원에 있다. 공자와 맹자가 표명한 상호성은 상상일 뿐이라고 할지 모르겠다. 로크의 '계약설' 역시 상상이다. 하지만 맹자의 상상은 그 이상이다. 그가 품었던 '천명설'과 '인민의 위치'는 놀랍다. 그는 말했다.

하느님은 우리 인민의 눈으로 보고, 우리 인민의 귀로 듣는다.(〈만장〉 상 5장)

인민이 귀하고, 사직의 신은 그 다음이다. 왕은 가벼운 존재이다. 그러므로 인민에게 받아들여지고 나서야 천자가 될 수 있다.(〈진심〉 하 14장)

'사직의 신'은 현대식으로 말하면 국가다. 국가보다 인민이 더 귀한 존재라는 말은 극히 현대적이다. 한편, 근대의 개인과 개인주의는 욕망을 인정하는 게 특징이다. 애덤 스미스가 대표적이다. 하지만 그가 말한 "보이지 않는 손"은 없다는 게 이미 밝혀져, 수정 자본주의가 나왔다. 무분별한 욕망 추구는 안 된다는 소리다. 공자와 맹자도 욕망을 인정했다. 다만 절제할 것을 요구한다. 그래야 조화를 이룰 수 있어서다. '절제하는 욕망'에서 긴급하게 요구되는 것은, 더 중요한 욕망과 덜 중요한 욕망에 대한 깨달음이다.

물고기는 내가 먹고 싶은 바이다. 곰 발바닥 고기도 내가 원하는 바이다. 둘을 다 가질 수 없다면, 물고기를 버리고 곰 발바닥을 취한다. 목숨을 부지하는 것도 내가 바라는 바이고, 올바름 역시 내가 바라는 바이다. 둘을 다 가질 수 없다면, 목숨을 버리고 올바름을 취한다. 목숨을 부지하는 것 역시 내가 바라는 바이지만, 그보다 더 긴급한 게 있어서 구차하게 목숨을 얻으려고 하지 않는다. …… 이러므로 살 수 있는 길이 있어도 그 방법을 쓰지 않는 것이다. …… 현자만이 이 마음을 가지고 태어난 건 아니다. 사람이면 모두 다 가지고 태어난 마음이다. 다만 현자는 그 마음을 망가뜨리지 않았을 따름이다.(〈고자〉 상 10장)

사실 애덤 스미스가 '자유롭고 구속받지 않는 시장'을 강조한 것은, 그것 자체가 목적이어서가 아니다. 그런 조건이었을 때라야 '집단적 복지'를 최대화할 수 있다고 믿었기 때문이다. 그러니까 '자유 시장'은 수단이고, '공동체의 집단적 복지'가 목적이었다. 그래서 애덤 스미스는 '개인의 부'에 관한 책이 아니라《국부론》을 썼다. 이 책의 정식 제목은《나라들의 부富, 그 성질과 원인에 관한 고찰(An Inquiry into the Nature and Causes of the Wealth of Nations)》이다.

스미스는 개인들이 집단적으로 함께할 때(taken together as a collectivity of individual), 인간이 '집단적 복지(collective well-be-ing)'를 최대화할 수 있다고 하였습니다. 사회적 복지를 위해서 인간들이 집단적으로 함께하는 '자유롭고 구속받지 않는 시장(free and unfettered market)'을 강조하였습니다.

애덤 스미스가 '집단적 복지'를 목적으로 여긴 것은 갑작스러운 게 아니다.《도덕적 감성에 관한 이론》이라는 책에서 이미 밝혔다. 사회의 기초는 개인의 탐욕이 아니라, '사랑'이고 '질서'라고 했다.

스미스가《국부론》을 출간하기 거의 20년 전에 출간한《도덕적 감성

---

* 진영재 지음,《정치학 총론》, 연세대학교 출판문화원, 2018, 40쪽.

에 관한 이론(The theory of moral sentinents)》(1759)이라는 책에서 사회의 기초는 인간의 사회에 대한 '사랑(love)'이며, 사랑이 가져오는 '질서(order)'라고 주장하였습니다. 사랑과 이에 따른 질서가 있는 사회는 응집력 있는 사회일 것입니다. 자신이 속한 사회를 애정으로 대한다는 것은 '탐욕(avarice)'이나 '게걸스러움(devourness)'이 개인적 이익 추구라는 열정에서 제외되어야 함을 강변하고 있습니다. 스미스의 이론을 통해서 우리는 개개인의 이윤 추구를 위한 자유 경쟁이, 탐욕과는 구분되어야만 함을 배울 수 있습니다.

공자와 맹사가 생각한 정치의 목표 역시 '사랑'과 '질서'이다. 더 명확하게는 "인민의 평안"과 "격조 있는 인간"이다. 공자가 "인민의 평안"을 얼마나 중요시 하였는지, 다음의 대화에 잘 나타나 있다. 인민을 평안케 하는 일을 잘했는가를 두고서는 "요·순 같은 성군"에게도 충분히 점수를 주지 않을 정도였다.

자로가 물었다. "군자는 어떤 사람입니까?"

공자가 말했다. "경敬으로써 자기를 닦는 사람이지."

"그렇기만 하면 군자란 말입니까?"

*   진영재 지음, 《정치학 총론》, 연세대학교 출판문화원, 2018, 42쪽.

"자기를 닦아서 다른 사람들을 편안하게 하는 사람이 군자이지."

"그렇기만 하면 군자란 말입니까?"

"자기를 닦아서 인민을 편안하게 하는 사람이 군자이지. 자기를 닦아서 인민을 편안하게 하는 것은 요·순 같은 성군도 힘겨워하셨다네!"(〈헌문〉 45장)

공자가 바란 개인은 단지 경제적으로 평안한 사람만은 아니다. "격조 있는 인간"을 그는 바랐다. 그런 사람이 사는 세상을 만들어가는 데 정치의 의미가 있다고 생각했다. 공자는 말했다.

정령政令으로 이끌고 형벌로써 질서를 잡으면, 인민들이 형벌에 처해지는 것을 면하기는 하겠지만 [사람된 도리를 기준으로 판단하는] 부끄러움이라는 자의식은 없다. 덕으로 이끌고 예禮로써 질서를 잡으면, 인민들이 [사람된 도리를 기준으로 판단하는] 부끄러움이라는 자의식을 갖추고, 또한 격조 있는 사람이 된다.(〈위정〉 3장)

이런 공자의 정치관은 애덤 스미스가 바랐던 "집단적 복지"만이 아니라, 현대적 의미의 '복지'와 '인문적 인간'에서 멀지 않다. 맹자 역시 공자를 이은 사람답게 이렇게 말했다.

이런 까닭에 밝은 임금은 인민들의 생업을 마련해 주뇌, 위로는 부모님을 섬기기에 넉넉하고 아래로는 처자식을 먹여 살리기에 넉넉하도록 해 줍니다. 풍년이 들면 내내 배불리 먹고, 흉년이 들어도 굶어 죽는 일은 없게 합니다. 그렇게 된 뒤에야, 그들을 착한 길로 나아가게 합니다. 그러므로 인민들이 따라가는 게 쉽습니다. 지금은 인민들의 생업을 마련해 준다고 해도, 위로는 부모님을 섬기기에 부족하고 아래로는 처자식들을 먹여 살리기에 부족합니다. …… 죽음을 면하는 일만도 힘에 부쳐 두려운 지경인데, 어느 겨를에 예의를 따지겠습니까?"(〈양혜왕〉 상 7장)

칸트의 인간관과 공자·맹자의 인간관

칸트의 인간관에서 고갱이는 '선의지'를 가질 수 있는 존재로서의 개인이다. 그가 정언 명령이라고 선언한 '목적적 존재로서의 개인'과 '보편적 입법의 원리가 되도록 행동하는 개인'은 '선의지'를 전제한다. '선의지'는 맹자의 '성선설'과 같은 차원에 있다. 칸트의 정언 명령 역시 공자·맹자의 사상과 닮아 있다.

네 자신과 다른 사람의 인격을 단순히 수단으로 취급하지 말고, 동시에 목적으로 대우하도록 하라!

칸트의 유명한 말이다. 자기 자신을 포함해서, 개인을 무한한 가치로 드높이는 쾌거의 말이다. 하지만 생경한 언명이다.

드높은 취지는 살아 있되, 생경하지 않은 말을 공자는 남겼다. 추상적인 언어가 아니라 생생하고 구체적인 언어로 말했다. 공자의 말은 사람의 구체적인 삶을 통해 그 경지를 보여 주었다. 중궁이라는 제자가 공자에게 "어떻게 사는 게 어진 삶입니까?"라고 물었다. 이에 스승은 말해 주었다.

문밖을 나가거든 큰 손님을 맞이하듯이 대하고, 인민을 부릴 일이 있거든 큰 제사를 받들 듯이 하는 것이지.(《안연》 2장)

누구라 할 것 없이 만나는 사람마다 "큰 손님"으로 대하는 것보다, 사람을 목적으로 대우하는 것은 없다. 대등한 관계로 만나는 두 사람을 실제적이고 생생하게 구체화 한 말이기 때문이다. 그것 그대로 '목적인 존재'와 역시 그것 그대로 '목적인 존재'의 '만남'을 이보다 더 잘 표현할 말은 없다. 또한 아랫사람에게 일을 시키면서 "큰 제사 받들 듯이" 하는 것보다, 그 사람을 목적으로 대우하는 것은 없다.

칸트의 또 다른 정언 명령이 있다. 이 말은 지평선이 보이지 않을 정도로 넓고 길게 뻗어 있다. 그래서 드높고 깊다.

네 의지의 격률이 언제나 동시에 보편적 입법의 원리가 될 수 있도록 행동하라!

언명은 드높지만, 너무 높아서 사람을 질리게 한다. 사람의 피라곤 한 방울도 없을 것 같은 개인에 관한 언명이기 때문이다. 칸트의 취지는 살아 있되, 그 아찔함과 질림은 느껴지지 않는 말은 없을까? 공자의 말은 여기에서도 시사적이다. 그는 살이 있고, 피가 도는 삶의 언어로 말했다.

제자인 자공이 물었다. "한마디 말, 평생 간직하고서 실천할 만한 말이 있습니까?"
공자가 말했다. "서恕가 그것이겠지. 내가 바라지 않는 바이거든, 그것을 다른 이에게도 베풀지 말아야지!"(《위령공》 23)

푸코가 말년에 주목한 '자기 배려'로서의 개인

칸트가 너무 역사와 권력을 건너뛴 채 '개인-주체'를 바라봤다면, 푸코는 그와 반대로 역사와 권력에 너무 치중해서 '개인-주체'를 바라봤다. 하지만 50대 중반에 푸코는 일변한다. '개인-주체'는 역사와 권력에 예속되어서만 출현하는 것이 아니고, '역사와 권력'에

254

'자기 배려 기술'이 교차한 지점에서 출현한다고 천명했다. 주체는 '역사적' 결정과 '윤리적' 차원을 씨줄과 날줄로 하여 짜인다고 수정한 것이다.

푸코가 말하는 이런 주체는 공자와 맹자에겐 너무나 익숙하다. 푸코처럼 공자와 맹자 역시 개인을 '윤리적' 차원에서 생각하지만, '절대적'인 윤리를 내세우진 않았다. 오히려 공자와 맹자는 개인을 특정한 시대와 상황 속에 놓여 있는 존재로 여겼다. 더불어 그들은 개인적인 성향까지 고려했다. 두 제자가 공자에게 똑같은 질문을 했는데, 공자는 두 제자에게 반대의 대답을 해 주었다. 그들의 성향이 서로 반대였기 때문이다.

자로가 물었다. "들으면 바로 행해야 합니까?"

공자가 말했다. "어버이가 계시는데, 들었다고 어떻게 바로 행하겠느냐?"

염유가 물었다. "들으면 바로 행해야 합니까?"

공자가 말했다. "들으면 바로 행해야 한다."

공서화가 물었다. "자로가 묻기를, '들으면 바로 행해야 합니까?'라고 하자, 선생님께선 '어버이가 계시는데, 들었다고 어떻게 바로 행하겠느

---

* 푸코 지음, 심세광 옮김, 《주체의 해석학》, 2007, 554~555 참조.

냐?'라고 하셨습니다. 노한 염유가 '들으면 바로 행해야 합니까?'라고 묻자, 선생님께선 '들으면 바로 행해야 한다'고 하셨습니다. 어떤 게 올바른지 무척 헷갈립니다."

공자가 말했다. "염유는 소극적이어서 진취적으로 행동하게 한 것이고, 자로는 너무 적극적이어서 소극적으로 행동하게 한 것이다."(〈선진〉 21장)

또한, 공자는 다른 시대에는 다른 잣대가 적용되어야 한다고도 했다. 제자가 "어느 정도여야 '이룬 사람'이라고 할 수 있습니까?" 라고 묻자, 공자는 옛날의 잣대를 알려 주기는 했지만 그것을 고집하지는 않았다. 달라진 시대에 맞게, 성긴 눈금의 잣대로 재도 된다고 말했다.

자로가 물었다. "어느 정도여야 '이룬 사람'이라고 할 수 있습니까?"

공자가 말했다. "장무중의 지혜, 공작의 욕심 없음, 변장자의 용기, 염구의 재주를 갖추고, 이것들을 예악의 형식에 맞추어 드러낸다면 '이룬 사람'이라고 할 수 있겠지." 계속해서 말했다. "어찌 지금도 꼭 그만한 인간이어야, '이룬 사람'이라 할 수 있겠는가. 이익이 보이거든 올바른 이익인가 따져 보고, 나라가 망할 지경이면 목숨을 바치고, 평소에 한 말을 오랫동안 잊지 않는다면, '이룬 사람'이라 할 수 있겠지!"(〈헌

문〉 13장)

이뿐이 아니다. 공자는 옛날의 예법보다 지금의 풍속이 더 낫다면, 지금의 풍속을 따르겠다고 했다. 공자가 말했다.

공정이 많이 들어가는 천으로 면류관을 만드는 것이 예禮이다. 요즘에는 공정이 적은 천으로 면류관을 만들고 있다. 요즘이 검소하니, 나는 요즘의 풍속을 따르겠다.(〈자한〉 3장)

공자가 이럴 수 있었던 것은 윤리를 '절대적인 그 무엇'이라고 여기지 않았기 때문이다. 심지어 그는 어떤 덕성도 '그 자체'로 좋다고 여기지 않았다. '어짊'도, '신실함'도, '올곧음'도 그 자체만으로는 좋지 않을 수 있다고 했다. 공자는 말했다.

어짊만 좋아하고 배우기를 좋아하지 않으면, 어리석게 되는 폐단이 있게 된다. 지식 갖추기만 좋아하고 배우기를 좋아하지 않으면, 방탕하게 되는 폐단이 있게 된다. 믿음만 좋아하고 배우기를 좋아하지 않으면, 잔인해지게 되는 폐단이 있게 된다. 곧은 것만 좋아하고 배우기를 좋아하지 않으면, 목을 조르듯 하는 폐단이 있게 된다. 용맹함만 좋아하고 배우기를 좋아하지 않으면, 난장판을 만드는 폐단이 있게 된다.

강함만 좋아하고 배우기를 좋아하지 않으면, 바람만 잔뜩 들게 되는 폐단이 있게 된다.(〈양화〉 8장)

고집하지 않는 공자의 이런 모습, 낯설 것이다. 하지만 공자가 정말 싫어한 것은 '절대'와 '고집'이었다. 풍문과는 달리, 공자의 삶은 그런 것과는 너무도 멀었다. 공자는 어느 하나를 고집하지 않았다. 심지어 공자는 '맑은 삶'도 '윤리에 맞는 말'도 고집하지 않았다. 옛날에 '맑음'을 고집하는 사람, '윤리'에 들어맞는 말만을 고집하는 사람, '하고 싶은 소리'를 다 하는 것을 고집하는 사람이 있었다. 이들은 다 특정한 측면으로 이름이 높은 사람들이다. 공자는 이들을 각각의 측면에서 빼어났다고 열거한 뒤 인정했다. 그렇지만 그들 각자가 어느 한 방향만을 고집하는 것에 대해선 내켜 하지 않았다. 그래서 공자는 이렇게 말했다.

나는 이 분들과는 다르다. 나에겐 그렇게 해야 하는 것도 없고, 그렇게 해서는 안 되는 것도 없다.(〈미자〉 8장)

실제로 공자는 그렇게 살았다. 누구의 평가인지는 알 수 없지만, 당대에 공자를 이렇게 평한 기록이 《논어》에 남아 있다.

공자에겐 네 가지가 없다. 자의적인 게 없고, 반드시 그래야 한다는 것도 없으며, 고집하는 것도 없고, 자기중심적으로 생각하는 것도 없다.(〈자한〉 4장)

이런 공자를 맹자는 '시성時聖'이라 했다. 그때 그 상황에 맞는 것이 무엇인지를 살펴, 그때 그 상황에 맞게 살아갔던 성인聖人이라는 뜻이다. 공자는 '고집'이나 '절대' 윤리와는 멀어도 한참 멀게 살았던 것이다.

공자의 이런 태도를 이어받은 맹자 역시 같은 자세를 취했다. 고고함만을 추구했던 백이, 큰일을 할 수만 있다면 성군 폭군을 가리지 않고 관직에 나아가 천하의 평화를 도모했던 이윤, 관직이 높건 낮건 부르면 관직에 나아가 제 할 일을 했던 유하혜의 삶을 열거한 뒤 맹자는 이렇게 말했다.

이 세 분의 행동 방식은 다 다르지만, 그 취지는 하나다. 그 하나는 무엇인가? '어짊'이다. 군자는 '어짊'을 추구할 뿐이니, 하필 똑같이 행동해야만 할 이유가 어디 있겠는가?(〈고자〉 하 6장)

여기에 '절대'와 '고집'이 설 자리가 있는가? 이런데도 유학에 '개인'은 없고 '관계'만 있다고 할 수 있는가? 공자와 맹자는 그런 사람이 아니다. 공자는 이런 삶을, 특별한 사람만이 살 수 있다고 여기지 않았다. 우리 모두가 그와 같이 살기를 바라, 군자란 이런 존재라고 천명했다.

군자는 이런 사람이다. 천하의 일에 임해서 반드시 이래야 한다는 것도 없고, 이러지 말아야 한다는 것도 없다. 오직 올바름과 나란히 살아갈 뿐이다.(〈이인〉 10장)

그러면 질서도 항상스러움도 없는 개인을 공자와 맹자가 추구했단 말인가? 당연히 그렇지 않다. 그분들은 '역동적 균형'을 추구했다. '시성時聖'과 '중화中和'가 그것이다. 이분들의 윤리관을 살피기에 앞서, 우선 푸코는 어떻게 해야 '자기를 배려'하고 '자기를 돌보아' 윤리적인 개인으로 살아갈 수 있다고 했는가를 살펴보자. 푸코는 이렇게 물었다.

주체의 존재와 관련된 희생·금욕·변형·정화의 대가를 치르지 않고 진실에 접근할 수 있을까?

* 푸코 지음, 심세광 옮김, 《주체의 해석학》, 2007, 551쪽.

다른 학자들이 생각한 주체는 몰라도, 푸코가 주목한 주체, 즉 "자기를 돌보고 배려하는" 주체는 희생·금욕·변형·정화가 없이는 가능하지 않다. 공자 역시 마찬가지다. 푸코의 물음을 공자 식으로 바꾸면, '희생·금욕·변형·정화의 대가를 치르지 않고서도 군자가 될 수 있는가?'이다. 이 물음에 긍정적으로 대답할 유학자는 없다. 희생·금욕·변형·정화의 대가를 치른 사람은 군자가 되고, 그것을 치르지 않은 사람은 소인으로 머물러 있게 된다. 군자는 푸코가 주목한 "자기를 돌보고 배려하는" 주체인 것이다.

이런 주체가 되기 위해선 어떻게 해야 하는가? 《주체의 해석학》에서 푸코는 글쓰기, 독서의 역할, 자기 자신에 대한 의학적 탐구, 자기 실천 등을 들었다. 공자의 방향과 별로 다르지 않다. 군자가 되기 위한 실천을 공자는 '배움'이라 했다. 배움은 '자기 자신'을 위하고 돌보는 일이다. 이른바 "위기지학爲己之學"이다.(〈헌문〉 25장) 배움의 푯대인 '어진 삶'도 '자기 자신'에 말미암아서 그렇게 사는 것이지, 외적인 그 무엇에 의해서 사는 것이 아니다. 공자는 말했다.

'어진 삶'이 자기 자신에 근거를 두고 있지, 다른 사람에 근거를 두고

---

* 이 물음에 데카르트는 긍정적으로 대답할 것이고, 칸트는 제한적으로 긍정할 것이라고 푸코는 말했다. 칸트가 제한적으로 긍정할 것이라고 한 것은 《순수이성비판》에선 위의 물음에 긍정하겠지만, 《실천이성비판》에선 '윤리적 자기 구축'을 우선적으로 고려하기에 결과적으로 부정했다고 푸코는 생각했기 때문이다.

있겠는가?(《안언》 1장)

유럽의 여러 학자들이 표명한 개인 및 개인주의 사상과 공자·맹자의 그것이 똑같을 수는 없다. 하지만 그들이 가진 개인주의의 핵심적인 측면을 공자·맹자 사상이 가지고 있다는 점은 부인할 수 없다. 이런 점에서 19세기에 외쳤던, '르네상스 때 서양에서 개인 및 개인주의를 발견했다'는 소리는 편협한 발언임에 틀림없다. 그것이 19세기의 말인 점을 감안하면, 그 말은 제국주의적이기까지 하다.

자유와 평등이 현실적으로 이루어졌을 때에야 개인주의가 생겨난 것이라고 말하는 사람이 있을지도 모르겠다. 그렇게 좁게 말한다면, 유럽 역시 20세기에야 개인주의가 생겨났다. 로크, 몽테스키외, 볼테르 등 계몽주의자들도 대부분 노예제를 옹호했고, 보통 선거권은 유럽도 1930년이 지나서야 확립되었다.

지금, 문명은 기로에 서 있다. 200년 아니 100년 후 인간 세계가 어떻게 되어 있을지 흐릿하게 조차도 보이지 않는다. 그때에도 인간이 지구 위에 있을 것인가? 그렇다는 말을 쉽게 할 수 없는 지경에 이르고 말았다. 새로운 문명을 탄생시키지 않을 수 없는 절체절명의 순간이다. '서구 근대성'을 반성하는 길이 그 시작이다. '다중' 근대성론, '대안' 근대성론, 서구의 '팽창 근대'와 동아시아의 '내장 근대'론은 그 반성의 결과물이다.

　우리는 서구 근대를 넉넉히 경험했고, 동아시아의 근대도 충분히 경험했다. 두 근대는 같으면서도 다르다. 새로운 문명을 탄생시키는 데 우리는 더없이 좋은 경험을 가지고 있다. 두 근대의 변증법적인 운동이 가능하겠기 때문이다. 그동안 우리는 서구의 근대를 배우느라 우리의 근대를 멀리 던져 놓았었다. 이제 다시 우리의 근대를 가지고 와서 새로운 종합을 이룰 때가 되었다.《논어》와《맹자》에 대한 '새로운' 이해는 그 시작이다.

주석

1. "君子以文會友, 以友輔仁." (〈안연〉 24장) '보輔'를 '돕는다'고 빗빗하게 번역하는 경우도 있지만, '보輔'는 수레가 엎어지지 않도록 도와주는 덧방나무이다. 그러므로 '보인輔仁'은 친구가 전락하지 않고, 인간으로서 살아가도록 적극적으로 돕는 것을 뜻한다.

2. 子貢問友. 子曰, "忠告而善道之, 不可則止, 毋自辱焉." (〈안연〉 23장) "선으로써 인도해야 한다."는 포함의 해석을 따랐다. 뒷부분은 일반적으로 '충고를 그치는 것'으로 해석하지만, 따르지 않았다.

3. 責善 朋友之道也. (〈이루 하〉 30장)

4. 萬章問曰 敢問友. 孟子曰 不挾長, 不挾貴, 不挾兄弟而友. 友也者, 友其德也, 不可以有挾也. (〈만장 하〉 3장)

5. 子曰, "晏平仲善與人交, 久而敬之." (〈공야장〉 16장)

6. 孟子謂萬章曰 一鄉之善士, 斯友一鄉之善士. 一國之善士, 斯友一國之善士. 天下之善士, 斯友天下之善士. 以友天下之善士爲未足, 又尚論古之人, 頌其詩, 讀其書, 不知其人, 可乎? 是以論其世也. 是尚友也. (〈만장 하〉 8장)

7. 是天子而友匹夫也. (〈만장 하〉 3장)

8. 子曰, "古之學者爲己, 今之學者爲人." (〈헌문〉 25장)

9. 天命之謂性, 率性之謂道, 修道之謂教. 《중용》1장)

10. 還我箴

昔我之初 純然天理 逮其有知 害者紛起

見識爲害 才能爲害 習心習事 輾轉難解

復奉別人 某氏某公 援引藉重 以驚羣蒙

故我旣失 眞我又隱 有用事者 乘我未返

久離思歸 夢覺日出 翻然轉身 已還于室

光景依舊 體氣淸平 發鋼脫機 今日如生

目不加明 耳不加聰 天明天聰 只與故同

千聖過影 我求還我 赤子大人 其心一也

還無新奇 別念易馳 若復離次 水無還期

焚香稽首 盟神誓天 庶幾終身 與我周旋

2장

1. 孟懿子問孝. 子曰, "無違." 樊遲御, 子告之曰, "孟孫問孝於我, 我對曰, 無違." 樊遲曰, "何謂也?" 子曰, "生事之以禮, 死葬之以禮, 祭之以禮."(〈위정〉5장)

2. 樂者 天地之和也, 禮者 天地之序也. 和故百物皆化 序故群物皆別. 《예기》〈악기〉)

3. 子曰, "人而不仁, 如禮何? 人而不仁, 如樂何?"(〈팔일〉3장)

4. 子曰, "禮云禮云, 玉帛云乎哉? 樂云樂云, 鐘鼓云乎哉?"(〈양화〉11장)

5. 林放問禮之本. 子曰, "大哉問! 禮, 與其奢也寧儉. 喪, 與其易也寧戚."(〈팔일〉4장)

6. 子夏問曰, "'巧笑倩兮, 美目盼兮, 素以爲絢兮.' 何謂也?" 子曰, "繪事後素." 曰, "禮後乎?" 子曰, "起予者商也! 始可與言詩已矣."(〈팔일〉8장)

7. 子游問孝. 子曰, "今之孝者, 是謂能養. 至於犬馬, 皆能有養, 不敬, 何以別乎?"(〈위정〉7장)

8. 子夏問孝. 子曰, "色難. 有事, 弟子服其勞, 有酒食, 先生饌, 曾是以爲孝乎?"(〈위정〉8장)

9. 子曰, "事父母幾諫, 見志不從, 又敬. 不違, 勞而不怨."(〈이인〉18장)

10. 萬章問曰 詩云 '娶妻如之何 必告父母' 信斯言也, 宜莫如舜. 舜之不告而娶, 何也? 孟子曰 告則不得娶. 男女居室, 人之大倫也. 如告, 則廢人之大倫, 以懟父母, 是以不告也.(〈만장 상〉2장)

4장

1. 子曰, "忠焉, 能勿誨乎?"(〈헌문〉8장)

2. 子貢問友. 子曰, "忠告而善道之."(〈안연〉23장)

3. 定公問, "君使臣, 臣事君, 如之何?" 孔子對曰, "君使臣以禮, 臣事君以忠."(〈팔일〉19장)

4. 子曰, "所謂大臣者, 以道事君, 不可則止."(〈선진〉23장)

5. 子路問事君. 子曰, "勿欺也, 而犯之."(〈헌문〉23장)

6. 樊遲問仁. 子曰, "居處恭, 執事敬, 與人忠. 雖之夷狄, 不可棄也."(〈자로〉19장)

7. 季康子問, "使民敬忠以勸, 如之何?" 子曰, "臨之以莊則敬, 孝慈則忠, 擧善而敎不能則勸."(〈위정〉20장)

8. 子張問政. 子曰, "居之無倦, 行之以忠."(〈안연〉14장)

9. 子張問曰, "令尹子文三仕爲令尹, 無喜色, 三已之, 無慍色. 舊令尹之政, 必以告新令尹. 何如?" 子曰, "忠矣."(〈공야장〉18장)

10. 曾子曰, "夫子之道, 忠恕而已矣."(〈이인〉15장)

11. 忠者 大道, 恕者 人道. 忠者 無妄, 恕者 所以行乎忠也.(〈이인〉15장 주석)

12. 曾子曰, "士不可以不弘毅, 任重而道遠. 仁以爲己任, 不亦重乎? 死而後已, 不亦遠乎?"(〈태백〉7장)

13. 子曰, "述而不作, 信而好古."(〈술이〉1장)

14. 子曰, "我非生而知之者, 好古敏以求之者也."(〈술이〉19장)

15. 子曰, "夏禮吾能言之, 杞不足徵也, 殷禮吾能言之, 宋不足徵也. 文獻不足故也. 足則吾能徵之矣."(〈팔일〉9장)

16. 子張問十世可知也. 子曰, "殷因於夏禮, 所損益, 可知也, 周因於殷禮, 所損益, 可知也. 其或繼周者, 雖百世, 可知也."(〈위정〉23장)

17. 聖人南面而治天下, 必自人道始矣. 立權度量, 考文章, 改正朔, 易服色, 殊徽號, 異器械, 別衣服, 此其所得與民變革者也. 其不可得變革者則有矣. 親親也, 尊尊也, 長長也, 男女有別, 此其不可得與民變革者也.(《예기》〈대전〉)

18. 顏淵問爲邦. 子曰, "行夏之時, 乘殷之輅, 服周之冕, 樂則韶舞."(〈위령공〉10장)

19. 子謂韶, "盡美矣, 又盡善也."(〈팔일〉25장)

20. 子曰, "溫故而知新, 可以爲師矣."(〈위정〉11장)

1. 堯薦舜於天而天受之, 暴之於民而民受之. …… 使之主事而事治, 百姓安之, 是民受之也. …… 太誓曰 '天視自我民視, 天聽自我民聽'(《만장 상》 5장)

1. 子曰, "質勝文則野, 文勝質則史. 文質彬彬, 然後君子."(《옹야》 16장)
2. 子夏問曰, "'巧笑倩兮, 美目盼兮, 素以爲絢兮.' 何謂也?" 子曰, "繪事後素." 曰, "禮後乎?" 子曰, "起予者商也! 始可與言詩已矣."(《팔일》 8장)
3. Plato, 《Phaedrus》, Great Books of The Western World, Encyclopaedia Britannica, 1971, p.140. (작은따옴표는 원문에 없음.)
4. Plato, 《Phaedrus》, Great Books of The Western World, Encyclopaedia Britannica, 1971, p.140.

1. 乾道成男, 坤道成女, 二氣交感, 化生萬物, 萬物生生, 而變化無窮焉.《태극도설》)
2. 子曰, "已矣乎! 吾未見好德如好色者也."(《위령공》 12장)
3. 子曰, "仁遠乎哉? 我欲仁, 斯仁至矣."(《술이》 29장)
4. 子曰, "人而不仁, 如禮何? 人而不仁, 如樂何?"(《팔일》 3장)
5. 仁義禮智, 非由外鑠我也, 我固有之也.(《고자 상》 6장)
6. 孟子曰 有天爵者, 有人爵. 仁義忠信, 樂善不倦, 此天爵也.(《고자 상》 16장)
7. 孟子曰 仁, 人心也. 義, 人路也.(《고자 상》 11장)

8장

1. "非敢爲佞也, 疾固也."(《헌문》 34장)
2. 與其不孫也, 寧固."(《술이》 35장)
3. 子絶四, 毋意, 毋必, 毋固, 毋我.(《자한》 4장)
4. 子曰, "道不同, 不相爲謀."(《위령공》 39장)
5. 冉求曰, "非不說子之道, 力不足也." 子曰, "力不足者, 中道而廢. 今女畫."(《옹야》 10장)

9장

1. 至哉坤元, 萬物資生, 乃順承天. 坤厚載物, 德合无疆, 含弘光大, 品物咸亨. 《주역》〈곤괘〉)

10장

1. 孟子曰 今之事君者曰 '我能爲君辟土地, 充府庫.' …… '我能爲君約與國, 戰必克.' 今之所謂良臣, 古之所謂民賊也. 君不鄕道, 不志於仁, 而求爲之强戰, 是輔桀也. (〈고자 하〉 9장)

2. 子路問君子. 子曰, "脩己以敬." 曰, "如斯而已乎?" 曰, "脩己以安人." 曰, "如斯而已乎?" 曰, "脩己以安百姓. 脩己以安百姓, 堯舜其猶病諸!" (〈헌문〉 45장)

11장

1. 子曰, "事父母幾諫, 見志不從, 又敬, 不違, 勞而不怨." (〈이인〉 18장)

2. 初六, 幹父之蠱, 有子, 考无咎, 厲終吉. 《주역》〈고괘〉)

3. 象曰, 幹父之蠱, 意承考也. 《주역》〈고괘〉)

12장

1. 凡音之起, 由人心生也. 人心之動, 物使之然也. 感於物而動, 故形於聲. 聲相應, 故生變; 變成方, 謂之音; 比音而樂之, 及干戚羽旄, 謂之樂. 《예기》〈악기〉)

2. 大樂與天地同和, 大禮與天地同節. 《예기》〈악기〉)

3. 樂者, 天地之和也; 禮者, 天地之序也. 和故百物皆化; 序故群物皆別. 樂由天作, 禮以地制. 過制則亂, 過作則暴. 明於天地, 然後能興禮樂也. 《예기》〈악기〉)

13장

1. 非禮之禮, 非義之義, 大人弗爲. (〈이루 하〉 6장)

2. 恭本是禮, 過恭是非禮之禮. 《맹자집주》내각본. 세주細注)

3. 子曰, "恭而無禮則勞, 愼而無禮則葸, 勇而無禮則亂, 直而無禮則絞." (〈태백〉 2장)

14장

1. 公都子問曰 鈞是人也, 或爲大人, 或爲小人, 何也. 孟子曰 從其大體爲大人, 從其小

體爲小人. 曰 鈞是人也, 或從其大體, 或從其小體, 何也. 曰 耳目之官不思, 而蔽於物, 物交物, 則引之而已矣. 心之官則思, 思則得之, 不思則不得也. 此天之所與我者, 先立乎其大者, 則其小者弗能奪也. 此爲大人而已矣.⟨고자 상⟩ 15장)

2. 子曰, "君子而不仁者有矣夫, 未有小人而仁者也."(⟨헌문⟩ 7장)

3. 曾子曰, "士不可以不弘毅, 任重而道遠. 仁以爲己任, 不亦重乎? 死而後已, 不亦遠乎?"(⟨태백⟩ 7장)

4. 孟子曰 禹聞善言則拜. 大舜有大焉, 善與人同, 舍己從人, 樂取於人以爲善. 自耕·稼·陶·漁以至爲帝, 無非取於人者.(⟨공손추 상⟩ 8장)

5. 子曰, "十室之邑, 必有忠信如丘者焉, 不如丘之好學也."(⟨공야장⟩ 27장)

6. 哀公問, "弟子孰爲好學?" 孔子對曰, "有顏回者好學, 不遷怒, 不貳過. 不幸短命死矣, 今也則亡, 未聞好學者也."(⟨옹야⟩ 2장)

7. 子謂子貢曰, "女與回也孰愈? 對曰, "賜也何敢望回? 回也聞一以知十, 賜也聞一以知二." 子曰, "弗如也, 吾與女弗如也."(⟨공야장⟩ 8장)

8. 子曰, "由也! 女聞六言六蔽矣乎?" 對曰, "未也." "居! 吾語女. 好仁不好學, 其蔽也愚, 好知不好學, 其蔽也蕩, 好信不好學, 其蔽也賊, 好直不好學, 其蔽也絞, 好勇不好學, 其蔽也亂, 好剛不好學, 其蔽也狂."(⟨양화⟩ 8장)

9. 顏淵死. 子曰, "噫! 天喪予! 天喪予!"(⟨선진⟩ 8장)

10. 顏淵喟然歎曰, "仰之彌高, 鑽之彌堅. 瞻之在前, 忽焉在後. 夫子循循然善誘人, 博我以文, 約我以禮, 欲罷不能. 旣竭吾才, 如有所立卓爾. 雖欲從之, 末由也已."(⟨자한⟩ 10장)

15장

1. 子曰, "不得中行而與之, 必也狂狷乎! 狂者進取, 狷者有所不爲也."(⟨자로⟩ 21장)

2. 子曰, "起予者商也! 始可與言詩已矣."(⟨팔일⟩ 8장)

3. 子曰, "吾與回言終日, 不違如愚. 退而省其私, 亦足以發, 回也不愚."(⟨위정⟩ 9장)

4. 子曰, "丘也幸, 苟有過, 人必知之."(⟨술이⟩ 30장)

나오는 글

1. 子曰, "仁遠乎哉? 我欲仁, 斯仁至矣."(⟨술이⟩ 29장)

2. 子曰 …… 或生而知之 或學而知之 或困而知之 及其知之 一也. 《중용》 20장)

3. 誠者天之道也 誠之者人之道也. 《중용》20장)

4. 孟子曰 盡其心者, 知其性也. 知其性, 則知天矣. 《진심》 상 1)

5. 曹交問曰 人皆可以爲堯舜, 有諸? 孟子曰 然. 《고자》 하 2장)

6. 孟子曰 何以異於人哉 堯舜與人同耳. 《이루》 하 32장)

7. 舜何人也 予何人也 有爲者亦若是. 《등문공》 상 1장). 이것은 맹자가 공자의 수제자
   인 안연의 말을 인용해서 한 말이다.

8. 子曰, "道千乘之國, 敬事而信, 節用而愛人, 使民以時." 《학이》 5장)

9. 子曰, "…… 仁能守之. 不莊以涖之, 則民不敬." 《위령공》 32장)

10. 子路問事君. 子曰, "勿欺也, 而犯之." 《헌문》 23장)

11. 君有大過則諫, 反覆之而不聽, 則易位. 《만장》 하 9장)

12. 孟子謂齊宣王曰 王之臣有託其妻子於其友, 而之楚遊者. 比其反也, 則凍餒其妻
    子, 則如之何? 曰 棄之. 曰 士師不能治士, 則如之何? 王曰 已之. 曰 四境之內不
    治. 則如之何? 王顧左右而言他. 《양혜왕》 하 6장)

13. 天視自我民視, 天聽自我民聽. 《만장》 상 5장)

14. 民爲貴, 社稷次之, 君爲輕. 是故得乎丘民而爲天子. 《진심》 하 14장)

15. 孟子曰 魚, 我所欲也 熊掌, 亦我所欲也, 二者不可得兼, 舍魚而取熊掌者也. 生, 亦
    我所欲也, 義, 亦我所欲也, 二者不可得兼, 舍生而取義者也. 生亦我所欲, 所欲有甚
    於生者, 故不爲苟得也. …… 由是則生而有不用也. …… 非獨賢者有是心也, 人皆
    有之, 賢者能勿喪耳. 《고자》 상 10장)

16. 子路問君子. 子曰, "脩己以敬." 曰, "如斯而已乎?" 曰, "脩己以安人." 曰, "如斯而
    已乎?" 曰, "脩己以安百姓. 脩己以安百姓, 堯舜其猶病諸!" 《헌문》 45장)

17. 子曰, "道之以政, 齊之以刑, 民免而無恥, 道之以德, 齊之以禮, 有恥且格." 《위정》 3
    장)

18. 是故明君制民之産, 必使仰足以事父母, 俯足以畜妻子, 樂歲終身飽, 凶年免於死
    亡. 然後驅而之善, 故民之從之也輕. 今也制民之産, 仰不足以事父母, 俯不足以畜
    妻子 …… 此惟救死而恐不贍, 奚暇治禮義哉? 《양혜왕》 상 7장)

19. 仲弓問仁. 子曰, "出門如見大賓, 使民如承大祭." 《안연》 2장)

20. 子貢問曰, "有一言而可以終身行之者乎?" 子曰, "其恕乎! 己所不欲, 勿施於
    人." 《위령공》 23)

21. 子路問, "聞斯行諸?" 子曰, "有父兄在, 如之何其聞斯行之?" 冉有問, "聞斯行諸?"

子曰, "聞斯行之." 公西華曰, "由也問聞斯行諸, 子曰, '有父兄在', 求也問聞斯行諸, 子曰, '聞斯行之'. 赤也惑, 敢問." 子曰, "求也退, 故進之, 由也兼人, 故退之."(〈선진〉 21장)

22. 子路問成人. 子曰, "若臧武仲之知, 公綽之不欲, 卞莊子之勇, 冉求之藝, 文之以禮樂, 亦可以爲成人矣." 曰, "今之成人者何必然? 見利思義, 見危授命, 久要不忘平生之言, 亦可以爲成人矣."(〈헌문〉 13장)

23. 子曰, "麻冕, 禮也, 今也純, 儉, 吾從衆."(〈자한〉 3장)

24. 好仁不好學, 其蔽也愚, 好知不好學, 其蔽也蕩, 好信不好學, 其蔽也賊, 好直不好學, 其蔽也絞, 好勇不好學, 其蔽也亂, 好剛不好學, 其蔽也狂.(〈양화〉 8장)

25. 我則異於是, 無可無不可.(〈미자〉 8장)

26. 子絶四, 毋意, 毋必, 毋固, 毋我.(〈자한〉 4장)

27. 三子者不同道, 其趨一也. 一者何也 曰 仁也. 君子亦仁而已矣, 何必同.(〈고자〉 하 6장)

28. 子曰, "君子之於天下也, 無適也, 無莫也, 義之與比."(〈이인〉 10장)

29. 子曰, "古之學者爲己, 今之學者爲人."(〈헌문〉 25장)

30. 爲仁由己, 而由人乎哉?(〈안연〉 1장)

참고 문헌

《주역》《시경》《논어》《맹자》《중용》《예기》
《성학십도》《윤지당유고》《순수이성비판》《실천이성비판》

강소천,《강소천 아동문학 전집 10권》, 교학사, 2006.
김춘수 지음,〈꽃〉
김충열,《유가윤리강의》, 예문서원, 1994.
박노해,《그러니 그대 사라지지 말아라》, 느린걸음, 2010.
박서원,《박서원 시전집》, 최측의 농간, 2018.
송준,《시인 백석 1》, 흰당나귀, 2012.
아론 구레비치 지음, 이현주 옮김,《개인주의의 등장》, 새물결, 2002.
앨런 라이언 지음,《정치사상사》, 문학동네, 2017.
이수태,《논어의 발견》, 바오, 2014.
이양호,《맹자씨, 정의가 이익이라고요?》, 평사리, 2019.
이양호,《최랑이 이생을 엿봤다니까》, 평사리, 2020.
이왕주,《상처의 인문학》, 다음생각, 2014.
임승휘,《유럽의 절대군주는 어떻게 살았을까?》, 민음인, 2011.
정약용 지음, 이지형 옮김,《논어고금주》, 사암, 2010.
조셉 폰타나 지음, 김원중 옮김,《거울에 비친 유럽》, 새물결, 1999.
존 로크 지음, 강정인 옮김,《통치론》, 까치, 1996.
진영재,《정치학 총론》, 연세대 출판문화원, 2018.
푸코 지음, 심세광 옮김,《주체의 해석학》, 2007.
플라톤 지음, 김주일 옮김,《파이드로스》, 아카넷, 2020.
한형조,《성학십도, 자기 구원의 가이드맵》, 한국학중앙연구원, 2018.